广西城市轨道交通车辆技术示范特色专业系列教材

城市轨道交通列车空调装置

主　编　丁金玲

副主编　魏秀琴　谭广忠

　　　　马汉林　陈桂平

主　审　马进火　任旭平

西南交通大学出版社

·成　都·

图书在版编目（C I P）数据

城市轨道交通列车空调装置 / 丁金玲主编. —成都：西南交通大学出版社，2022.4
ISBN 978-7-5643-8555-2

Ⅰ. ①城… Ⅱ. ①丁… Ⅲ. ①城市铁路 - 轨道交通 - 列车 - 空气调节系统 - 高等职业教育 - 教材 Ⅳ. ①U239.5

中国版本图书馆 CIP 数据核字（2022）第 001145 号

Chengshi Guidao Jiaotong Lieche Kongtiao Zhuangzhi
城市轨道交通列车空调装置

主　编 / 丁金玲　　　　责任编辑 / 李　伟
　　　　　　　　　　　封面设计 / 吴　兵

西南交通大学出版社出版发行
（四川省成都市金牛区二环路北一段 111 号西南交通大学创新大厦 21 楼　610031）
发行部电话：028-87600564　028-87600533
网址：http://www.xnjdcbs.com
印刷：四川森林印务有限责任公司

成品尺寸　185 mm × 260 mm
印张　8　　字数　193 千
版次　2022 年 4 月第 1 版　　印次　2022 年 4 月第 1 次

书号　ISBN 978-7-5643-8555-2
定价　25.00 元

课件咨询电话：028-81435775
图书如有印装质量问题　本社负责退换

前　言

根据本课程相关教学标准要求，本书编写人员在认真学习领会相关文件精神的基础上，结合当前职业教育特点和城市轨道交通专业实用型人才的培养需求，精心编写了本书。本书具有以下特点：

（1）编写过程中突破传统教科书式的编写模式，应用任务驱动形式，学做一体，便于读者理解掌握。

（2）本书分为5个项目，共计16个学习任务，涵盖了城市轨道交通车辆空调的基本知识、制冷原理、制冷核心部件、控制部分、通风部分及日常维护和典型故障的维修。

（3）本书编写过程体现了“工学结合、校企合作”的理念，由行业专家、一线技术骨干教师全面参与本书的编写和审读工作。

本书由柳州铁道职业技术学院丁金玲担任主编，魏秀琴、谭广忠、马汉林、陈桂平担任副主编，南宁轨道交通股份有限公司马进火、任旭平担任主审。具体编写分工为：项目一、二由柳州铁道职业技术学院丁金玲编写，项目三由柳州铁道职业技术学院魏秀琴编写，项目四由柳州铁道职业技术学院马汉林、谭广忠编写，项目五由柳州铁道职业技术学院陈桂平编写。本书在编写过程中参考了多位专家发表的文章和企业的一些技术资料，编者在此对他们表示诚挚的感谢。同时，本书还得到了深圳地铁、南宁地铁等公司的大力支持，在此向提供帮助的有关专家表示衷心的感谢。

本书主要是让读者掌握城市轨道交通列车空调系统相关技术，由于各地城市轨道交通车辆选型及运用情况存在差异，书中一些案例数据不具备通用性，在实际操作中要根据当地的车辆空调型号而定，敬请谅解。

由于我国城市轨道交通发展迅速，技术设备也在不断改进更新，书中资料和相关数据与现场车辆设备难免存在差异，加上编者水平有限，书中不足之处在所难免，敬请读者批评指正，以便再版时修订、补充，不断完善。

编　者

2021年12月

目 录

项目一

认知城市轨道交通车辆空调系统整体

【项目描述】

城市轨道交通车辆空调系统是城市轨道交通车辆的重要组成部分，在城市轨道交通车辆中承担着调节客室内空气温度、增强客室内空气流动、提高乘客乘坐舒适性的作用。通过本项目的学习，学生可以对城市轨道交通车辆空调系统有一个整体的认知。

【学习目标】

本项目学习目标如表 1-0-1 所示。

表 1-0-1　学习目标

目标类型	目标要求
知识目标	（1）掌握空调系统的基本概念； （2）掌握城市轨道交通车辆空调系统的组成和功能； （3）掌握城市轨道交通车辆空调系统的特点及发展方向； （4）了解空调系统常用名词概念及相关国家标准
技能目标	（1）能列出城市轨道交通车辆空调系统各部分的组成； （2）能说出城市轨道交通车辆空调系统各部件的名称及功能
情感目标	（1）能进行团队协作； （2）积极参与学习过程，遵守秩序，服从安排； （3）思想素质提高； （4）拥有认真自我总结与反思的意识

【学习准备】

（1）教学场地：在网络教室及车辆空调实训室中进行一体化教学，课中可实地参观。
（2）设备要求：具有能连接互联网的多媒体教室，要有能播放视频和投影的设备。
（3）准备笔记本、签字笔等学习用具。
（4）利用网络查询城市轨道交通车辆空调维护与检修相关信息。
（5）进入实训场地应着工作服、运动鞋。

任务一 认知空调系统概况

【任务目标】

通过对城市轨道交通车辆空调系统整体概况的学习，能够掌握空调的概念，指出城市轨道交通车辆空调的安装位置，说出空调系统的组成及各系统的功能，并对变频空调技术发展有一定认识。

【任务分析】

本任务主要完成对车辆空调系统的整体认知。对车辆空调装置各主要系统构成要有充分的认识，了解各系统之间的相互联系以及车辆空调系统的发展趋势。

实施任务时要特别注意安全要求和规范，一般以学习小组为单位实施。

【任务准备】

现场对城市轨道交通车辆空调系统进行认识时，必须加强对人身及设备的安全知识的学习，要遵守安全操作规程，不得随意触动带电部分。对车辆空调系统的认识过程中，不需要开启电源，只在不带电的情况下进行认知学习。

一、空调系统的概念

空调系统即人为地调节空气温度、湿度、含尘浓度和气流速度等参数，以满足使用者对室内环境要求的机组设备。

二、车辆空调系统的组成

车辆空调系统主要由通风系统、制冷系统、加热系统、加湿系统及自动控制系统五大系统组成。考虑到城市轨道交通车辆实际运行区域的气候条件，有些车辆可不设专门的加热系统或加湿系统。

（一）通风系统

通风系统的作用是将车外新鲜空气吸入车内并与车内再循环空气混合，滤清灰尘和杂质后，再压送分配到车内，同时排出车内多余的污浊空气，以保证车内空气的洁净度及合理的流动速度和气流组织。通风系统一般由通风机组、空气过滤器、新风口、送风口、回风口、送风道、回风道及排废气口等组成。

（二）制冷系统

制冷系统（也称空气冷却系统）的作用是对车内的空气进行降温、减湿处理，使车内空气的温度与相对湿度保持在规定的范围内。冷却系统工作时，由制冷剂通过蒸发器冷却将要送入车内的空气，而蒸发器表面低于空气的露点温度，空气中的部分水蒸气就会凝结成水滴，形成我们通常所说的“空调水”。因此，空气在通过蒸发器冷却的同时也得到了减湿处理。为保证制冷系统安全、有效地工作，制冷系统除压缩机、蒸发器、冷凝器、节流装置四大件外，还配有储液器、干燥过滤器、气液分离器等辅助设备。

（三）加热系统

加热系统的作用是在低温时对进入车内的空气进行预热和对车内的空气进行加热，以保证车内温度在规定的范围内。加热系统通常包括空气预热器和空气加热器两部分。在空气温度较低时，通风系统向车内送风过程中，由空气预热器对空气进行加热，再送入车内，并由空气加热器对车内空气加热，以补偿车体和门窗的热损失。

（四）加湿系统

加湿系统的作用是在车内空气相对湿度较低时，对空气进行加湿处理，以保证车内空气的相对湿度在规定的范围内。加湿最简单的方法是采用电极加湿器。

（五）自动控制系统

自动控制系统的作用是控制各功能系统按给定的方案协调、有序地工作，以使车内空气参数控制在规定的范围内，并同时对空调起自动保护作用。电气控制系统一般由各设备的控制元件、保护元件及相关仪表和电路等组成。

三、城市轨道交通车辆空调结构的组成

城市轨道交通车辆空调系统是由空调机组、送风单元、控制装置和司机室送风单元等组成。一般来说，城市轨道交通车辆空调机组安装于列车车顶，位置如图 1-1-1 所示。每个客室装有 2 台单元式空调机组，安装位置约位于客室车顶的 1/4 和 3/4 位置，通过车顶的风道和风口向客室内送风。根据空调机组的出风方式，它一般可分为下出风和侧出风两种形式。空调控制单元、控制面板安装在车内电气柜中。

（一）空调机组

空调机组采用顶置式安装，采用下出风下回风方式，单冷型，微机控制并具有自诊断功能。每节车厢安装 2 台空调机组。当列车的一台辅助电源发生故障时，空调机组自动减半运行。全列车各空调机组在车辆运行时由司机集中控制，在维修时由维修人员单独控制。空调机组外形如图 1-1-2 所示。

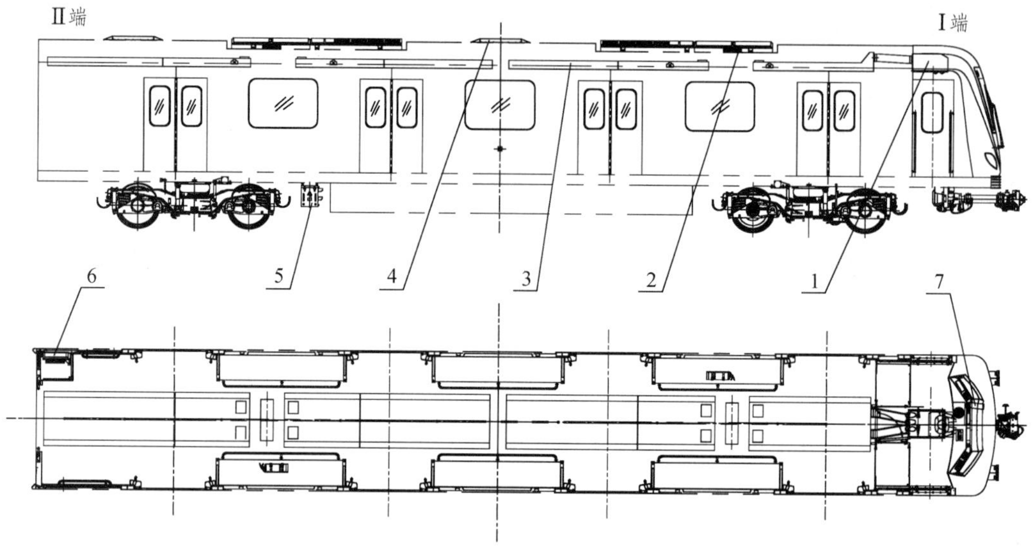

1—司机室通风单元；2—空调机组；3—风道；4—废排装置；5—紧急逆变器；
6—空调控制盘；7—足部取暖器。

图 1-1-1 空调系统整体布置图

图 1-1-2 车辆空调机组外形

空调装置设有 4 种工况：手动、自动、通风和停止，并可通过本车控制装置对空调进行控制，也可通过司机室内的显示屏进行控制和温度设定。在手动工况时，空调机组根据各自的温度控制器所设定的温度进行客室内温度控制；在自动工况时，空调机组根据外界环境温度自动调节客室内温度。

城市轨道交通车辆空调机组一般应满足小型轻量化、可靠性高、噪声低、免维护程度高等要求。

（1）小型轻量化。小型轻量化是城市轨道交通车辆空调系统的显著特点。城市轨道交通车辆的空调机组通常安装于车顶部，其体积受到上部限界的限制，所以小型轻量化是空调机组必须满足的条件。近年来，国产城市轨道交通车辆空调采用一系列新技术以缩小空调机组体积，如采用卧式涡旋式压缩机、内螺纹管换热器，以增强换热效果、减小换热器体积，采用带亲水膜轻质铝翅片以降低换热器质量，采用高效进口风机等，在保证流量、噪声等要求的前提下降低体积和质量。

（2）可靠性高。城市轨道交通车辆空调机组应能满足车辆运行振动和冲击条件下的可靠性要求。首先，空调机组的耐振性要好。车辆在运行过程中会产生振动，空调机组要具备足够的耐振性能。我国铁路行业标准 TB/T 1804—2009《铁道客车空调机组》中对铁路客车的空调设备提出了抗振要求及试验标准。与我国铁线路相比，城市轨道交通线路状况相对稳定、车辆振动较小，所以 TB/T 1804—2009 对城市轨道交通车辆空调系统来说是适用的。

其次，空调机组的耐腐蚀性要好。当前城市污染程度较大，对暴露在大气中的空调电机和换热器壳体的耐腐蚀性要求较高，并且须采取相应的保护措施。例如，采用防护等级较高的电机，并在电机外部配合处增加电机防护技术措施；在换热器上采用耐酸、碱、盐雾腐蚀的覆膜铝翅片，并采用不锈钢板材制造空调机组壳体，以防止被腐蚀，延长空调机组的使用寿命。

（3）噪声低。随着生活水平的提高，人们对环境的要求也越来越高。轨道交通也属于噪声污染源之一，尤其对沿线的影响更大。城市轨道交通车辆在选用空调装置时，必须考虑其噪声对环境的影响。

（4）免维护程度高。安装于城市轨道交通车辆上的空调机组不能像地面制冷机组那样，可以给检修和维护人员一个易于检视的环境和空间。根据城市轨道交通车辆空调的使用经验，在条件允许的情况下，空调系统应尽量使用单元式、全封闭式制冷循环系统，并提高免维护元件使用率。

（二）送风单元

客室顶板设两排送风格栅，格栅为工程塑料材质。送风格栅与风道出口（静压箱）之间用软质聚氨酯泡沫塑料加以密封，严防送风流窜。全车送风道采用静压式均匀送风风道，客室送风由沿车长方向布置的条缝式送风口向客室内送风；司机室送风由设在邻近司机室的空调机组提供，通过送风道从司机室的可调式送风口均匀送入。通过设在空调机组下方内顶板上的回风口，车内部分空气经回风道回到机组和新风混合，经过冷热交换后，送入车内二次利用。

废气排放装置设在车顶，车内部分循环空气在客室内正压的作用下，通过客室的穿孔内顶板和设在车顶的自然排风器排到车外。

应急通风系统在交流辅助电源设备发生故障的情况下，通过蓄电池组经调频调压逆变电源自动启动，向客室、司机室提供新风。当交流辅助电源供电恢复正常时，空调系统自动转入正常工作状态。图 1-1-3 为空调机组气流组织图。

（三）控制装置

城市轨道交通车辆空调系统以自动控制为主，当自动控制部分发生故障时，可采用手动调节装置。空调机组的工作由微机进行控制，通过微机调节器可控制室温。空调系统中新风口、风道和客室座位下均设有温度传感器，将温度传感器测得的温度值传递到调节器中进行处理。每节车有一台微机调节器，它控制两个空调单元，可由司机室集中控制或每节车单独控制。下面以“长客”某机车车辆的空调控制系统为例，介绍空调系统的控制及操作。

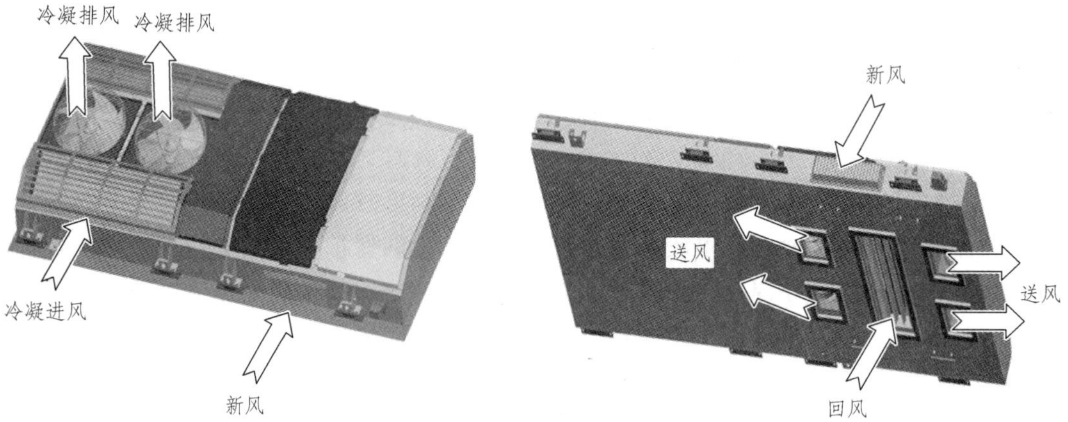

图 1-1-3　空调机组气流组织图

每辆车的空调控制柜（见图 1-1-4）内均设置有集控、本控选择开关。列车正常运行时，选择集控模式，此时整列车所有车辆的空调通风和供暖系统皆受司机室指令控制；列车在检修时选择本控模式，空调系统将接受本车空调控制柜内功能选择开关的控制，此时空调控制器保持对列车监控系统的通信和状态更新。司机可以通过列车监控显示屏（TMS）对空调进行设置。

图 1-1-4　空调控制柜

空调控制系统设置于车辆配电柜中，每辆车采用一套 PLC（可编程控制器）控制系统（见图 1-1-5）。司机室设有集控开关，可对全列车空调进行集中控制。控制柜 PLC 触摸屏（见图 1-1-6）设有转换开关，可将本车空调机组设置为集控或本车控制。空调机组设自动位时可自动根据室内室外温度对空调系统做通风、制冷等工况转换，也可手动控制空调机组实现通风、制冷等工况。

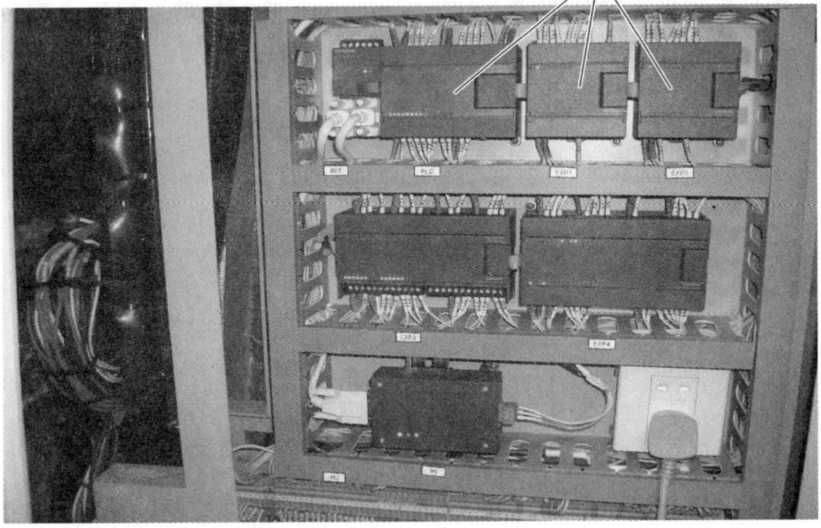

图 1-1-5　PLC 模块

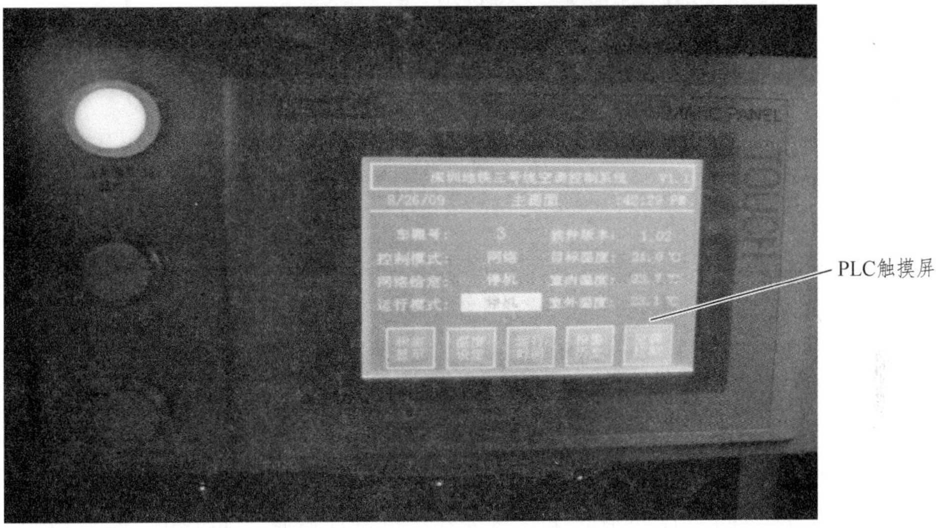

图 1-1-6　PLC 触摸屏

网络控制为主，本车调试用本车 PLC 触摸屏。

如果网络控制存在故障，则 PLC 可实现自动控制，保持当前工况。

通过对 PLC 触摸屏可对空调设定：试验手动时，通风、制冷不受温度控制；试验制冷时，制冷受温度控制，执行设定的温度目标值。

空压机启动信号通过网络传递给 PLC，由 PLC 内部实现联锁，即空压机启动时，任一压缩机都须延时 5 s 启动，防止列车 AC 380 V 负载过大，对 APS（辅助电源系统）造成冲击。

（四）司机室送风单元

城市轨道交通车辆司机室内一般不设单独的空调机组，而设立一个单独的送风单元（见图 1-1-7）。该送风单元设有风量和风向可调的送风口，并且送风口可关闭，其内置的调速空调系统风机，可由司机根据实际需要进行手动控制。送风单元内置的调速风机通过单独的风道从相邻的空调送风道吸入已处理的空气送入司机室，通过调节送风口来调节送风量，通过调节送风口的方向来调节送风方向，回风通过司机室隔门上的百叶窗进入客室实现回风。

图 1-1-7　司机室通风单元示意图

四、车辆空调系统的现状与发展方向

（一）车辆空调系统运用现状

我国列车普遍采用定速空调机组。经过多年运用证明，该型空调机组虽能较好地实现客车空气调节功能，但针对我国地域广阔、气候温度差异大的环境特点，在以下方面还有待提高。

（1）制冷量调节范围有限，客室温度、湿度波动大，动态乘坐环境舒适性不良。

① 定速空调通过 2 台压缩机间歇运行调节制冷量，单机制冷负荷大，启停频繁，导致车厢送风气流温度变化大，最大波动可达 4 °C，经常出现过冷或过热的现象，成为旅客投诉比较集中的一个问题。

② 长距离运输时，由于传统定速空调制冷量依靠开关压缩机来调节，调节准确度有限，无法适应外界温度变化范围大的工况，造成客室温度波动大，舒适性较差。

③ 在季节交替或夜间运行的情况下，当室外环境温度较低（如低于 19 °C）时，定速空调机组无法制冷，导致车内温度无法控制。当外温较高、乘客较多且在太阳辐射较强的区域运行时，会造成车内温度过高，车厢内闷热，舒适性较差。因此，定速空调在极端和特殊环境下适应性不强。

（2）空调热能转化效率低、能耗偏高，列车辅助供电负担重。

列车空调系统是除牵引系统外最大的用电单元，占列车辅助供电容量的 80%以上，因此，空调能效高低直接制约辅助供电系统的容量和质量。

① 定速空调能效比低，造成辅助供电负荷大。定速空调制冷时能效比（制冷功率/输入电功率）只有 2.0 左右，冬季制热采用电加热方式，能效比只有 1.0，与民用空调设备相比明显偏低。

② 定速空调只能实现 50%和 100%两级制冷量输出，通过压缩机的启停实现不同制冷量调节，启停时损耗多、能耗高。部分机组通过增加热气旁通来调节制冷量或开启电加热器

来辅助除湿，在制冷的同时开启电加热器，更加降低了能效比。

（3）机组启动电流大，对电机和电源冲击大，降低了可靠性。

定速空调无法实现软启动，压缩机和电机启动时，启动电流达到其额定电流的 5 ~ 10 倍，全列车虽实现顺序启动，但对电机和电源仍存在较大冲击，对车厢内其他电子零部件的工作稳定性也有较大影响。

（4）启动及工作振动产生噪声无法调节，影响车内环境的舒适性。

① 定速空调压缩机和冷凝风机均是以额定频率启动，频繁启动导致振动和噪声问题较突出。

② 定速空调压缩机和冷凝风机在额定频率下运行，无法根据外界气温进行调速，工作时产生的振动噪声始终维持在高峰值，影响旅客乘坐舒适性。

（5）制冷剂节流及选用有待提升。

① 定速空调采用毛细管或热力膨胀阀节流，在实现冷媒流量的控制及稳定性上存在控制精度低、速度慢等问题，无法适应外界气温变化范围大的情况。

② 定速压缩机普遍采用 R407C 绿色环保制冷剂。但是，由于 R407C 是非共沸 3 种制冷剂的混合物，制冷剂一旦泄漏，必须全部放空后重新充注，浪费大。同时，一旦制冷剂成分发生变化，极易导致空调运行效率严重衰减，甚至造成空调压缩机的损坏。另外，R407C 的制冷性能系数比同为绿色环保制冷剂的 R410A 低，因此是一种过渡性制冷剂。目前在能效标准要求更高的家用和商用空调领域，R407C 已经被淘汰。

（二）车辆空调发展方向

变频技术历经 30 多年的发展，已经日趋成熟，工业变频器已经成为各行各业的必备产品。变频技术飞速发展带来的契机，使变频空调以其固有的节能、高效、舒适、低温供热能力强、可靠等特点成为城市轨道交通车辆空调发展的方向。变频空调与定速空调的性能参数对比见表 1-1-1。

表 1-1-1　变频空调与定速空调的性能参数

空调类型	定速空调	变频空调
能耗	1	约 0.7
启动电流	额定电流的 3 倍以上	额定电流的 0 ~ 0.3 倍
控温精度	±2 °C	±1 °C
除湿效果	差	好
直流供电	不行	可以
控制柜	大	小或不需要
逆变电源容量	额定输入功率的 2 倍	额定输入功率的 0 ~ 1.2 倍
综合成本	高	低
机电一体化	难	容易
技术实现	容易	复杂
维护成本	低	稍高
热泵	难	容易

1. 新型变频空调的优点

（1）变频空调节能环保。变频空调能节电 30%以上（深圳地铁公司官方实测数据）。频率降低、效率提高，制冷剂流量减少，相对换热面积增加，效率提高；低频时压缩机容积效率提高。

在季节变化上，采用热力学自动优化系统，始终以最高效率运行，当负荷减少时频率降低，用电减少（在春、秋季或早、晚环境温度不太高时，定速空调通过频繁启动控制温度，而制冷系统从启动到正常额定运行需要一定时间，在此期间空调消耗功率不变但效率低，造成能源浪费）。

（2）一体化设计。全新设计的变频空调，将原空调机组、空调控制柜、空调逆变电源（采用直流电供电时）全部集成到新的空调机组内，实现三合一设计。

（3）启动电流小。变频器驱动压缩机，启动电流从零开始，对电源无大电流冲击现象。整列车的空调机组可随时/同时启动，不必延时/分别启动。通过压缩机运行频率的变化而不是通过频繁启停压缩机控制温度，使压缩机寿命延长（压缩机寿命主要指标是启停次数）。

（4）变频无级调速更舒适。压缩机通过运行频率的变化控制，可以调节空调机组的制冷/制热量，使车室温度的变化更平稳（与目标温度差距大时，高频率运转，快速制冷/制热；接近目标温度时低频率运行，产生较少制冷/制热量，起维持稳定作用），另外温度较低时的低频运行除湿功能，使乘客更加舒适（定速空调在接近目标温度时，压缩机频繁停止和启动，除湿效果不好）。采用 UIC 553 控制模式的变频空调，完全符合 UIC 553 标准，新风量根据载荷信号自动调整，客室环境更舒适。

（5）直流电源供电成本低。变频空调机组可直接用 DC 600 V 或 DC 750 V 供电，由内部变频器控制压缩机、风扇电机等工作，省去空调逆变电源，可以优化车辆电源结构。以地铁空调为例，如采用直流供电技术，整车可省下逆变及控制部分采购成本。

2. 发展方向

根据变频空调机的特点，未来城市轨道交通车辆空调的发展目标如下：

（1）冷暖一体化，热泵型冷暖两用车用空调，弥补目前定速车用空调不能供热的不足，提高空调机的利用率，取消电暖气。

（2）机电一体化，变频控制器与变频空调机实现一体化组装，使城市轨道车辆设备布置简单，安装简易、安全。

（3）采用先进的集成技术，使产品体积小、质量轻。

（4）配电简单，与外在的电气连接只有两个航空插头，节约布线成本和车内空间。

（5）全变频设计，变频涡旋式压缩机加上变频风扇电机和 4 套变频器。

（6）动态恒温空调系统，做到冷暖无级调节，舒适度更高。

【任务实施】

（一）空调机组的认识

（1）找出空调机组的具体位置。

（2）对照实物说出空调机组的主要作用、结构。

（二）客室送风单元的认识

（1）找出客室送风单元的具体位置。
（2）对照实物说出客室送风单元的主要作用、结构。

（三）控制装置的认识

（1）找出控制装置的具体位置。
（2）对照实物说出控制装置的主要作用、结构。

（四）司机室送风单元的认识

（1）找出司机室送风单元的具体位置。
（2）对照实物说出司机室送风单元的主要作用、结构。

【任务评价】

本任务评价见表 1-1-2。

表 1-1-2　评价表

评价内容		评价标准	分值	学生互评	教师评价
理论评价	空调系统的组成	是否能描述空调系统的组成	25 分		
	变频空调与定速空调的特点	（1）是否能描述变频空调变频的特点； （2）是否能描述定速空调的特点	25 分		
技能评价	城市轨道交通车辆空调系统位置的现场认识	是否能指出城市轨道交通车辆空调系统的具体位置	30 分		
情感评价	学习态度	（1）是否能积极思考，回答问题，与教师进行互动； （2）是否有充分的课前准备，完成课前预习及小考	5 分		
	操作规范	操作是否规范，是否具备安全意识	5 分		
	团队协作	是否具有团队协作精神（在任务中请教他人或是帮助他人）	5 分		
学习体会	课后思考	是否有知识、技能、思政收获	5 分		
总　分			100 分		

【课后练习】

（1）简述城市轨道交通车辆空调系统的组成。
（2）简述城市轨道交通车辆空调的特点及发展方向。
（3）查一查城市轨道交通车辆空调与铁路客车空调的性能有何区别。

任务二　城轨列车客室内空气参数的确定

【任务目标】

通过对城市轨道交通车辆空调调节作用的学习，能够说出城市轨道交通车辆空调调节内容、标准及参数要求。

【任务分析】

本任务主要完成对空气调节内容的学习。掌握车辆空调系统调节的具体内容，说出调节的相关标准，掌握具体调节参数。

实施任务时要特别注意安全要求和规范，一般以学习小组为单位实施。

【任务准备】

现场对城市轨道交通车辆空调调节内容进行观察认知时，必须加强对人身及设备的安全知识的学习，要遵守安全操作规程，不得随意触动带电部分。对车辆空调系统调节内容进行认识的过程中，若需要开启电源，只能由教师进行演示操作，如学生需要认知操作，必须在教师允许的前提下，在指导教师监控情况下进行。

一、空气调节

空气调节的主要作用，就是在相对封闭的环境中，将系统内空气的温度、湿度、气流速度、洁净度及压力等参数维持在规定范围内，以达到制造人工气候环境的目的。

车辆空调系统空气调节主要有以下 6 个方面的内容。

1. 调节车内温度

旅客列车属于公共交通工具，按照《公共交通工具卫生标准》（GB 9673—96），车内温度应满足以下要求：夏季 24 ~ 28 °C；冬季 18 ~ 20 °C。

2. 调节车内湿度

按照《客车空调设计参数》（TB/T 1951—87），通过加湿和除湿装置使客室内湿度满足以下要求：夏季相对湿度 50% ~ 70%；冬季相对湿度 30% ~ 50%。

3. 调节车内空气清洁度

通过过滤网（主要有新风过滤网、回风过滤网、蒸发过滤网）滤出空气中的灰尘，通过对空气的过滤使车内空气含尘量不大于 0.5 mg/m^3。

4. 调节车内空气流动速度

按照《客车空调设计参数》（TB/T 1951—87），通过合理控制风机转速，使车内空气流动速度达到以下要求：夏季 0.2 ~ 0.35 m/s；冬季 0.15 ~ 0.2 m/s。

5. 调节车内空气压力

通过控制新风量和排风量，使车内空气压力与大气压力基本相同，车内空气压力与大气压力之差控制在 10%以内。

6. 控制车内空气中的二氧化碳含量

适当控制新风风量，使车内空气中的二氧化碳浓度满足乘客对舒适度的要求。车内空气中的二氧化碳容积浓度不大于 0.15%。

二、客室空气参数的要求

客车内的空气参数不仅影响着乘客的舒适程度，也是进行空调装置热工计算的基本数据，因此对它要提出一定的要求。2011 年，国家颁布了 CJ/T 354—2010《城市轨道交通车辆空调、采暖及通风装置技术条件》，对空调的使用环境、制冷与采暖能力、新风及排气等做了规定。下面对现行的相关标准进行介绍，以供参考和借鉴。

1. 使用环境

（1）环境温度：−25 ~ 45 °C。

（2）正常工作的海拔不超过 1200 m。

（3）最湿月的月平均最大相对湿度不大于 90%（该月月平均最低温度为 25 °C）。

（4）列车静止或运行时，制冷采暖通风与空气调节系统部件在风沙、雨雪、日晒、雷电、大气腐蚀、车辆清洗时清洗剂的作用等条件下，应能正常工作。

2. 车辆空调制冷、采暖性能

（1）车辆空调制冷能力

当环境温度为 33 °C 时，车辆空调的制冷能力应能保证定员条件下车内温度不高于 28 °C±1 °C，相对湿度不超过 65%。根据不同地域的气候条件，或由用户与制造商协商确定。

（2）车辆空调采暖能力

采暖装置应使司机室温度不低于 14 °C。

客室内达到的温度可由用户与制造商根据当地气候条件协商确定。

3. 其他性能要求

（1）系统的设计应能保证整个客室内空气的均匀分配，保证出风口送风的均匀性，气流组织合理，不应出现送风和回风短路、在风道和客室区域内产生冷凝水等问题。

（2）系统运转时，客室内气流速度应大于 0.07 m/s。系统测试时，规定的客室内风速测点在 24 ~ 28 °C 时最大气流速度小于或等于 0.9 m/s。

（3）客室内平均温度的变化允许偏离车内温度设定值的最大偏差为±2 K。系统的测试中规定的客室内温度测点，同一水平面或同一铅垂面上任意两点间的温度差不应大于 8 K。

（4）空调装置的安装、风道以及空调装置与风道接口的结构设计应合理，空调系统装车后，车辆静止状态时的整车噪声应满足 GB/T 7928—2003 中 6.18 的要求。

（5）系统设计应考虑最终用户的维护，定期维护工作应便于进行。系统中相关部件应易于接近，可快速拆卸。相关部件的拆卸应考虑系统的可靠性和可维护性的要求。

4. 空调机组

（1）当环境温度不高于 45 °C 时，空调机组应能正常工作。

（2）空调机组应有可靠的排水结构，在工作中，蒸发器冷凝水及雨水不应渗漏或吹入客室内。

（3）空调机组工作时蒸发器不应被冰霜堵塞，空调机组出风口不应有冰屑、雾气吹出。

（4）空调机组额定制冷量测试，应按照合同要求的车辆内外参数来进行。

5. 新风及排气

（1）客室内人均新风量不应少于 10 m^3/h。

（2）司机室内人均新风量不应少于 30 m^3/h。

（3）进入客室的新风应经过滤。

（4）客室排气量应保证新风量满足要求，并应使室内维持适当气压。

6. 紧急通风

（1）在正常供电失效的情况下，紧急通风系统应能提供客室和司机室通风

（2）紧急通风应为全新风，紧急通风量不应低于超员载荷下每人 8 m^3/h。

7. 采暖装置

（1）采暖装置可采用独立式电取暖器、空气预热器或空调热泵。

（2）当采暖装置为独立式电取暖器时，可根据需要安装在座椅下或侧墙上等位置。

（3）安装在侧墙上的独立式电取暖器，与其他障碍物的距离不应小于 40 mm，嵌入侧墙内的带状整体式电加热器下端进气孔距地板面的距离不应小于 20 mm，上端距障碍物的距离不应小于 40 mm。

（4）安装独立式电取暖器部位的侧墙、地板及座椅等应进行安全隔热处理。电取暖器表面不应覆盖任何物件，保持自然通风散热。

（5）电取暖器其他要求应符合 TB/T 2704—2005 的规定。

8. 控制及保护

（1）全列车各空调机组在车辆运行时应由司机集中控制；在维修时可由维修人员单独控制。

（2）压缩机、风机应采用运转时数均匀控制，以保证各压缩机、风机运行时间均匀。

（3）系统在开机运行初期可设预冷或预热模式。

（4）空调控制系统应能根据车内温度需要对空调参数进行调节。

（5）制冷压缩机应设有过载、过热等必要的保护。制冷系统应设有高压和低压保护。

（6）空调机组电气系统应有欠电压、过电压、过载、过热、短路、缺相等保护。

（7）采暖装置应装有温度保护部件。

（8）列车空调机组的启动应采用分时顺序启动方式。

我国空调客车车内空气参数参考值如表 1-2-1 所示。

表 1-2-1　主要空气参数

空气参数	参考值	
	夏季	冬季
温度范围/°C	24 ~ 28	18 ~ 20
相对湿度/%	≤70	≥30
空气流速/（m/s）	≤0.25	≤0.20
新鲜空气量/[m^3/（h・人）]	20 ~ 25	15 ~ 20
客室空气中含尘量/（mg/m^3）	≤1	≤1
客室空气中 CO_2 容积浓度/%	≤0.15	≤0.15

因城市轨道车辆服务于当地交通，参考我国现行“国标”及“铁标”的前提下，各地区还应结合当地气候条件综合确定。以上海地铁车辆客车室内夏季空调参数为例，如表 1-2-2 所示。

表 1-2-2　上海地铁车辆客车夏季空调参数

空气参数	夏季取值
温度范围/°C	27
相对湿度/%	65
空气流速/（m/s）	0.5（在 1.2 ~ 1.7 m 处）
新鲜空气量/[m^3/（h・人）]	10
客室空气中含尘量/（mg/m^3）	≤0.5
每辆车的总通风量（m^3/h）	8000（直流车） 8500（交流车）
每辆车的总新风量（m^3/h）	4000（直流车） 3200（交流车）

而铁路客车，因运行范围较大，按照《客车空调设计参数》（TB/T 1951—87）设计。北京以南地区干线运行的空调客车，外气计算参数如表 1-2-3 所示。

表 1-2-3　铁路客车空调参数

空气参数	参考值	
	夏季	冬季
外界环境参考	外气温度 35 °C 相对湿度 60%	外气温度-14 °C
送风温差（推荐）	≤8°C	客室≤8 °C
		洗脸室内：≥16 °C； 厕所和走廊：≥14 °C

续表

空气参数	参考值	
	夏季	冬季
温度范围	24 ~ 28 °C	18 ~ 20 °C
相对湿度	40% ~ 65% 最高不超过 70%	≥30%
空气流速	对于软座车、软卧车和硬卧车，夏季不超过 0.25 m/s	不超过 0.20 m/s
	其他车为 0.1 ~ 0.35 m/s	
新鲜空气量	20 ~ 25 m³/（h·人）	15 ~ 20 m³/（h·人）
客室空气中含尘量	≤1 mg/m³	≤1 mg/m³
客室空气中 CO_2 容积浓度	<0.15%	<0.15%

三、轨道交通车辆空调的分类、特点及应用

（一）轨道交通车辆空调分类

（1）按安装方式分：分装式和单元式。
（2）按工作方式分：活塞式、螺杆式、离心式。
（3）按供电方式分：本车供电和集中供电。
（4）按制冷剂分：有机制冷剂和无机制冷剂；传统空调和无氟空调。

（二）特点及应用

1. 车顶单元式

优点：结构紧凑，制冷量大，管路短不易泄漏，维修方便。
缺点：重心高，运行平稳性差，高速阻力大。
应用：1981 年以后生产的列车、城市轨道交通车辆。

2. 车底单元式

优点：重心低，运行平稳性好，高速阻力小。
缺点：新风质量差，滤网脏得快，维修不方便。
应用：高速动车组列车。

3. 分装式

优点：重心低，运行平稳性好，高速阻力小。
缺点：管路长，易泄漏，维修不方便。
应用：早期铁路空调客车，部分高速动车组列车。

【任务实施】

（一）空气调节内容

（1）说出空调空气调节的主要作用。

（2）列出空调空气调节的主要参数。

（二）空气参数的设定

对照我国空调客车车内空气参数参考值，结合你所在城市本地气候条件，设计地铁车辆客车室内夏季空调参数值（结合环保要求，见表 1-2-4）。

表 1-2-4　当地地铁车辆客车室内夏季空调参数

空气参数	夏季取值
温度范围/°C	
相对湿度/%	
空气流速/（m/s）	
新鲜空气量/[m³/（h·人）]	
客室空气中含尘量/（mg/m³）	
每辆车的总通风量（m³/h）	
每辆车的总新风量（m³/h）	

【任务评价】

本任务评价见表 1-2-5。

表 1-2-5　评价表

评价内容		评价标准	分值	学生互评	教师评价
理论评价	空调空气调节的主要作用	是否能描述空调空气调节的主要作用	10 分		
	空调空气调节的主要参数	是否能列举空调空气调节的主要参数	20 分		
	对照实物说出车上空调的所用类型	能否对照实物正确说出车上空调的所用类型	20 分		
技能评价	对照我国空调参数参考值，结合本地气候，设计地铁车辆空调参数值	是否能结合当地气候设计出较合理的车辆空调参数	30 分		
情感评价	学习态度	（1）是否能积极思考，回答问题，与教师进行互动； （2）是否有充分的课前准备，完成课前预习及小考	5 分		

续表

评价内容		评价标准	分值	学生互评	教师评价
情感评价	团队协作	是否具有团队协作精神（在任务中请教他人或是帮助他人）	5 分		
	社会责任	设计中是否考虑到环保和特殊乘客（老人、病患乘客）	5 分		
学习体会	课后思考	是否有知识、技能、思政收获	5 分		
总　分			100 分		

【课后练习】

查一查城市轨道交通车辆空调与铁路客车空调的空气调节参数设定有何区别。

任务三 认知制冷剂

【任务目标】

通过对制冷剂作用的学习，能够说出制冷剂的作用、分析制冷剂的要求，列举几种城轨车辆空调常用制冷剂，并了解其基本信息。

【任务分析】

本任务主要完成制冷剂作用的学习。掌握制冷剂的作用、分析制冷剂的要求，知道几种车辆空调常用制冷剂。

实施任务时要特别注意安全要求和规范，一般以学习小组为单位实施。

【任务准备】

现场对城市轨道交通车辆空调内制冷剂运行进行观察认知时，必须加强对人身及设备的安全知识的学习，要遵守安全操作规程，不得随意触动带电部分。对车辆空调系统调节内容进行认识的过程中，需要开启电源，只能由教师进行演示操作，如学生需要认知操作，必须在教师允许的前提下，在指导教师监控情况下进行。

一、制冷剂基本知识

空调制冷系统中，将室内的热量连续不断地转移到室外环境空气中去的工作物质称为制冷剂，又称制冷介质。

从理论上讲，蒸气压缩式制冷循环中，凡是能在蒸发器中吸收被冷却介质的热量而汽化，并在冷凝器中放出热量而液化的物质都可以作为制冷剂。但是制冷系统中充注的制冷剂不同，其制冷效率也有很大的区别，因此添加不同制冷剂对冷却效果有很大区别。

但城轨车辆空调制冷系统在选用制冷剂时，不能只考虑制冷效果，还必须要考虑所选用的制冷剂能使整个空调制冷系统安全、可靠、高效和经济、环保地工作，因此对制冷剂也有一定的要求。

1. 对制冷剂的要求

（1）热力学要求

制冷剂的蒸发压力在要求的蒸发温度下不能过低，应略高于大气压力，以防外界空气渗入系统而降低制冷能力。在要求的冷凝温度下，冷凝的压力不能过高，压力过高一方面给系统的密封增加难度，同时还要提高系统高压部分的耐压能力，增加了设备的质量和成本；另一方面又使压缩机的压缩功增大，压缩机的实际排气量减小。

另外，制冷剂的临界温度要高，以便用环境空气（或水）来冷却，而凝固温度要低，以便获得较低的蒸发温度。

制冷剂的单位容积制冷量也应越大越好。这样当制冷量一定时，单位容积制冷量越大，制冷剂的循环量就可以减少，同时可缩小压缩机和系统的尺寸。

（2）物理性质要求

制冷剂的黏度和密度要小，以减少制冷剂在制冷装置中的流动阻力。制冷剂的导热系数与放热系数尽量大一些，以提高换热器的传热效率，减小传热面积。

制冷剂有一定的水溶性。制冷剂最好不含水分，但实际上制冷系统中难免渗入极少量的水分，若制冷剂能溶解少量的水分，在蒸发温度低于 0 °C 时，系统就不易产生“冰堵”现象而影响制冷装置的正常运转。

制冷剂与润滑油的互溶性对制冷装置换热器的传热及压缩机的润滑条件有重要影响。互溶性好则有利于润滑油渗透到各运动部件的摩擦面以改善润滑条件，并且在蒸发器等各换热器的传热面上也不易形成油膜面而阻碍传热。缺点是制冷剂含油量增加会引起蒸发温度升高，造成制冷能力下降。

在密封式压缩机中，还要求制冷剂有良好的电气绝缘性能。

（3）化学性质要求

制冷剂应有良好的化学稳定性。在制冷剂的工作温度和工作压力范围内，应不分解、不聚合，无燃烧和爆炸的危险。

（4）生理学性质要求

制冷剂应对人体无毒、无刺激性气味。

（5）对环境要求

制冷剂应该对环境无污染，无破坏。

2. 地铁列车空调的制冷剂

上海地铁一号线列车空调机组采用的制冷剂为 R22，二号线列车空调机组采用新型环保制冷工质 R134a；广州地铁一号线空调机组采用的制冷剂是 R134a，二号线空调机组采用的制冷剂是 R407c；深圳地铁一号线和三号线、南宁地铁列车空调机组都采用新型环保制冷工质 R407c。

氟利昂是饱和碳氢化合物的卤素衍生物的总称，目前用作制冷剂的主要是甲烷（CH_4）和乙烷（C_2H_6）的衍生物。用卤素原子代替原化合物中的一部分或全部氢原子就能得到不同性质的氟利昂。氟利昂以符号“R”配以二位数字（甲烷族）或三位数字（乙烷族）表示。所配的数字第一位表示氢原子数，不含氢原子为 1，以后每多一个氢原子再加 1，第二位表示氟原子数。例如：

化学名称	化学分子式	代号
二氟二氯甲烷	CCL_2F_2	R-12
二氟一氯甲烷	$CHCLF_2$	R-22

氟利昂的优点：无毒，燃烧和爆炸的可能性小，对金属不腐蚀。绝热指数小，因而压缩机的排气温度较低。

氟利昂的缺点：单位容积制冷量较小，因而制冷剂循环量大；密度大，引起流动阻力大；放热系数低；含有氯原子的氟利昂遇明火（400 °C 以上）会分解出少量剧毒的光气；对天然橡胶和树脂有腐蚀作用；易于泄漏，又不易发现，要求系统有良好的密封性。此外，价格也较贵。

R-22 是一种使用安全的制冷剂。它的正常蒸发温度为-40.8 °C，R-22 的渗透性非常强，易于泄漏，又因无色无味，泄漏时不易察觉，其检漏一般可用皂泡法或卤素灯。用卤素灯时，当火焰呈蓝绿色则说明有泄漏。检漏要求高时，可用电子检漏仪检查。

R134a 的使用性能远不如原先想象的理想。R134a 不能与传统的矿物油共用，专门和合成的脂类油容易分解，危及压缩机安全；具有高度的吸湿性，要求对系统进行仔细抽空和干燥处理，给实际应用带来不少麻烦；用于替代 R22 时容积制冷量下降 20%～30%，需要更大的压缩机排气量。

R407c 是由 HFC-32、HFC-125 和 HFC-134a 按质量百分比 23%、25%、52%混合而成的共沸制冷剂，是一种共沸混合物制冷剂。R407c 的成分中 R134a 所占比例超过 50%，因此 R134a 的存在使得 R407c 也不能与矿物油共用，是一种环保型制冷剂。作为 R22 的替代产品而生产的 R407c，性能和 R22 大致相近，一个标准大气压下的沸点为-43.9 °C，环保安全，无色无味，能与冷冻机油互相溶解。缺点是由于是混合制冷剂，一旦系统有泄漏，则不能像 R22 制冷系统一样加补，一定要将系统内制冷剂全部回收，重新加入未使用过的 R407c，因为制冷系统泄漏时会改变系统内制冷剂的配制比例。

【任务实施】

（一）认知制冷剂

（1）说出制冷剂的主要作用。
（2）列举制冷剂的要求。

（二）认知城轨车辆空调常用制冷剂及其性能

能了解几种城轨车辆空调常用制冷剂及其性能。

【任务评价】

本任务评价见表 1-3-1。

表 1-3-1　评价表

评价内容		评价标准	分值	学生互评	教师评价
理论评价	说出制冷剂的主要作用	是否能准确描述制冷剂的主要作用	10 分		
	列举制冷剂的要求	是否能完全列举制冷剂的要求	20 分		
	能了解几种城轨车辆空调常用制冷剂	能否了解几种城轨车辆空调常用制冷剂	20 分		
技能评价	掌握实训室已有空调的所用制冷剂	能正确了解并通过名牌查询	20 份		
	自学制冷剂-NH_3	自学主动性 自学方法	10 份		

续表

评价内容		评价标准	分值	学生互评	教师评价
情感评价	学习态度	(1)是否能积极思考，回答问题，与教师进行互动； (2)是否有充分的课前准备，完成课前预习及小考	5分		
	团队协作	是否具有团队协作精神（在任务中请教他人或是帮助他人）	5分		
	社会责任	自学能力和态度； 描述时是否注重环境保护	5分		
学习体会	课后思考	是否有知识、技能、思政收获	5分		
总分			100分		

【课后练习】

（1）请小组自学讨论后对常用制冷剂的性能进行对比。

（2）简述制冷剂的分类。

项目二 城轨车辆空调制冷系统

【项目描述】

城市轨道交通车辆制冷系统是车辆空调的重要组成部分，担负着调节车内温度的重要任务。本项目详细介绍了空调系统的制冷原理、机组组成和核心部件，结合实践对制冷系统的维护、故障处理进行了拓展。通过本项目的学习，学生可以对城市轨道交通车辆空调制冷系统有一个系统的认识。

【学习目标】

本项目学习目标如表 2-0-1 所示。

表 2-0-1　学习目标表

目标类型	目标要求
知识目标	（1）掌握城轨车辆制冷系统的原理； （2）掌握城轨车辆空调制冷系统的组成； （3）掌握城轨车辆空调制冷系统的核心部件； （4）了解城轨车辆空调制冷系统的辅助部件
技能目标	（1）能说出城轨车辆制冷原理； （2）能绘制城轨车辆空调机组组成； （3）会识别城轨车辆空调机组各部件名称及作用； （4）掌握城轨车辆制冷系统的维护方法； （5）了解城轨车辆制冷系统常见故障原因
情感目标	（1）能进行团队协作； （2）积极参与学习过程，遵守秩序，服从安排； （3）养成安全意识，思想素质提高； （4）拥有认真自我总结与反思的意识

【学习准备】

（1）教学场地：在网络教室及车辆空调实训室中进行一体化教学，课中可实地参观。
（2）设备要求：具有能连接互联网的多媒体教室，要有能播放视频和投影的设备。
（3）准备笔记本、签字笔等学习用具。

（4）利用网络查询城市轨道交通车辆空调维护与检修相关信息。
（5）着工作服、运动鞋进入实训场地。

任务一　蒸气压缩式制冷原理

【任务目标】

通过本任务的学习，能够理解蒸气压缩式制冷原理，掌握城轨车辆空调的制冷本质。

【任务分析】

本任务主要学习蒸气压缩式制冷原理，并结合制冷原理认知城轨车辆空调制冷系统的组成。

实施任务时要特别注意安全要求和规范，以学习小组为单位进行团队合作。

【任务准备】

（1）复习热力学基本知识，掌握热力学定律。
热力学第一定律：能量守恒和转换定律。
热力学第二定律：能量贬值原理。
（2）感受一般空调的室内机和室外机周围温度。

一、基本概念

1. 冷却和制冷的概念

灼热的铁块放在空气中，通过辐射和对流向环境传热，可以逐渐冷却到环境温度；一桶热水放置在自然环境中，经过一段时间后，也可以变成常温水，类似这样的过程都是自发的传热过程，属于自然冷却，不是制冷。

用一定的方法使物体或空间的温度低于周围环境介质的温度，并且使其维持在某一范围内，这个过程称作制冷。

制冷的方式有多种：蒸气压缩式制冷、吸收式制冷、蒸气喷射式制冷、气体涡流制冷、热电制冷/半导体制冷、CO_2 压缩式气体制冷、磁制冷和声制冷。其中，从使用的方便性、安全性、经济性、可控制性及维修性等方面考虑，城轨车辆空调与制冷装置，普遍采用蒸气压缩式制冷方式。

2. 饱和温度与饱和压力

通常把某一压力下的沸点称为这一压力下的饱和温度，而对应的压力称为饱和压力。

同一物质的饱和温度与饱和压力成正比关系，饱和压力越高，饱和温度也越高；反之，则低。

不同物质在同一压力下饱和温度也不同，且相差很大，如表 2-1-1 所示。

表 2-1-1 饱和压力温度对照表

工 质	饱和压力	饱和温度	汽化潜热	饱和压力	饱和温度	汽化潜热
H_2O	1 atm	100 °C	2258 kJ/kg	2 atm	120 °C	2202.2 kJ/kg
	0.872 kPa	5 °C	2489.05 kJ/kg			
R12	1 atm	−29.8 °C	165.3 kJ/kg	2 atm	−12 °C	157.3 kJ/kg
	9 atm	35 °C				

注：1 atm 就是 1 个标准大气压，约 101 kPa。

二、蒸气压缩式制冷原理

蒸气压缩式制冷实质属于相变制冷。在一定的压力下，液体温度达到沸点（即饱和温度）就会沸腾。即液体吸热变为气态。

在制冷技术中，常把这个饱和温度称为蒸发温度。沸腾的液体如果继续吸热，它就会因汽化潜热而相变成饱和蒸气。在同一压力下，不同的液体蒸发温度不同，所吸收的汽化潜热也不同。例如，在一个大气压下，水的蒸发温度为 100 °C，汽化潜热为 258 kJ/kg；R12（氟利昂-12）的蒸发温度为−29.8 °C，汽化潜热为 165.3 kJ/kg。

例如，若将一个盛满低温 R12 液体的容器敞开口，放在密闭的被冷却空间内，由于被冷却空间内空气的温度高于 R12 的沸点，所以 R12 液体将吸热而汽化，使被冷却空间内空气温度逐渐下降，这个降温过程直到容器内的 R12 液体汽化完为止。为了将汽化的 R12 蒸气回收使用，需将它再冷却成液体，如用环境介质（如大气或水）来冷凝，蒸气的冷凝温度就要比环境介质的温度稍高一些。我们知道，压力较高的蒸气其冷凝温度也较高，因此，只要将 R12 蒸气用压缩机压缩到所需的冷凝温度相对应的饱和压力，就能用环境介质来冷凝它，使在被冷却空间吸热汽化的 R12 气重新冷凝成液体。由于冷凝后制冷剂液体的温度还高于被冷却空间空气的温度，因此，必须让冷凝后的制冷剂液体降压降温，使其温度低于被冷却空间的温度，这样降压降温后的制冷剂液体就可以在被冷却空间内重新吸热汽化，制冷剂在一个封闭的系统中，只消耗压缩机的功就能反复地实现制冷剂由液体变为蒸气，再由蒸气变为液体的相态变化，并通过这种相态变化将低温处的热量转移到高温处，这就是蒸气压缩式制冷的基本工作原理。

三、蒸气压缩式制冷循环系统的组成

蒸气压缩制冷机组主要是由压缩机、冷凝器、节流装置和蒸发器四个核心部件组成，俗称“制冷四大件”，并用管道连接，形成一个封闭的循环系统，如图 2-1-1 所示。

蒸气压缩式制冷循环如图 2-1-2 所示。

（1）制冷剂液体在蒸发器中吸收被冷却物体（如室内的空气）的热量，而汽化成低温低压的蒸气后被压缩机吸入。

（2）压缩机消耗一定的机械功将制冷剂蒸气压缩成高温高压的蒸气并将其输入冷凝器。

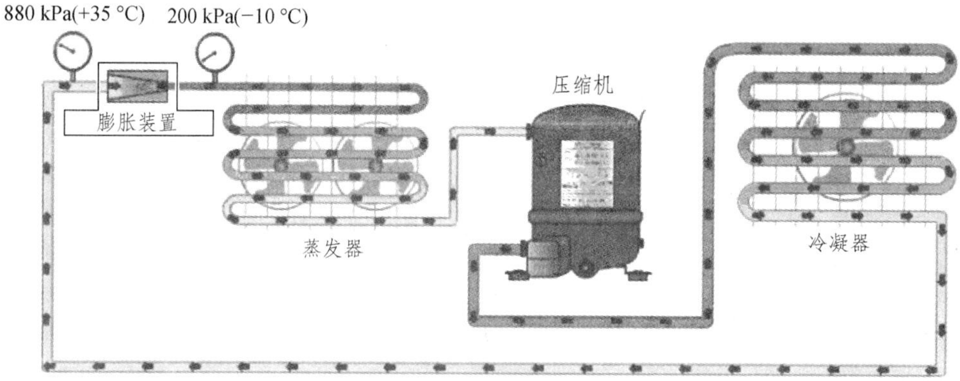

图 2-1-1　制冷四大件

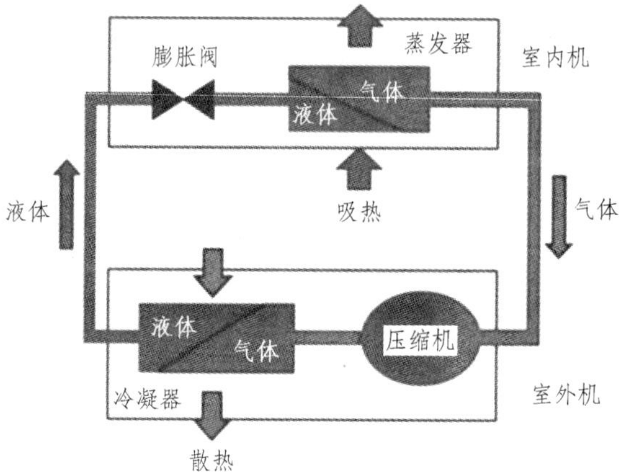

图 2-1-2　蒸气压缩式制冷循环

（3）高温、高压的制冷剂蒸气在冷凝器内被环境空气（或水）冷却，制冷剂蒸气放出热量被冷凝成液体，此时的制冷剂液体还处于高温、高压状态。

（4）高温、高压的制冷剂液体经过节流装置节流降压降温后进入蒸发器，此时的制冷剂液体已变为低温、低压状态。在蒸发器中，低温、低压的制冷剂又吸收被冷却物体的热量蒸发成相对低温、低压的制冷剂蒸气，再被压缩机吸入，如此周而复始地循环。

（5）制冷剂在蒸发器中沸腾汽化时从制冷空间介质吸收的热量，就是制冷系统的“制冷量”。

【任务实施】

（一）制冷装置的组成

（1）说出制冷的定义，理解制冷和冷却的本质区别。
（2）指出制冷四大件。

（二）蒸气压缩式制冷原理

绘图表示出蒸气压缩式制冷原理（标注出制冷剂进入和输出每一个核心元件时的状态和压力温度状态）。

【任务评价】

本任务评价见表 2-1-2。

表 2-1-2　评价表

评价内容		评价标准	分值	学生互评	教师评价
理论评价	说出制冷的定义	是否能准确描述制冷的定义	15 分		
	指出制冷四大件	是否能结合实物准确认知制冷四大件	30 分		
技能评价	城市轨道交通车辆空调系统位置的现场认识	是否能指出城市轨道交通车辆空调系统的具体位置	35 分		
情感评价	学习态度	（1）是否能积极思考，回答问题，与教师进行互动； （2）是否有充分的课前准备，完成课前预习及小考	5 分		
	操作规范	操作是否规范，是否具备安全意识	5 分		
	团队协作	是否具有团队协作精神（在任务中请教他人或是帮助他人）	5 分		
学习体会	课后思考	是否有知识、技能、思政收获	5 分		
总　分			100 分		
学习体会					

【课后练习】

（1）简述蒸气压缩式制冷原理。

（2）分组查一查其他制冷方法，每个小组查 1～2 种，进行分享讲解。

任务二　认知活塞式制冷压缩机

【任务目标】

通过对城轨交通车辆空调制冷核心部件——压缩机的学习，能够说出制冷压缩机的作用，掌握城轨交通车辆空调制冷压缩机的常用种类，在机组中识别城轨交通车辆空调制冷压缩机的外观和安装位置，理解活塞式压缩机的结构、工作原理及特点。

【任务分析】

本任务主要认知城轨车辆空调压缩机的种类、结构，并根据压缩机的结构分析气体压缩原理和各种类型压缩机的特点。

实施任务时要特别注意安全要求和规范，一般以学习小组为单位实施。

【任务准备】

一、空调制冷压缩机的作用

在蒸气压缩式制冷装置中，压缩机是 4 个主要部件之一。它把制冷剂蒸气从低压状态压缩至高压状态，为制冷剂在冷凝器中常温液化创造了条件。此外，由于压缩机不断地吸入和排出气体，为制冷剂在制冷系统中不断循环提供了动力，才使制冷循环得以周而复始地进行，因此它有整个制冷装置的“心脏”之称，常被称为蒸气压缩式制冷装置的主机。为保护压缩机这样一个重要部件的安全工作，制冷压缩机往往采取多重装置保护其安全工作。在地铁客车空调装置中，主机主要采用全封闭活塞压缩机，也采用滚动转子式压缩机、涡旋式压缩机及封闭式螺杆压缩机等。

制冷压缩机是蒸气压缩式制冷装置的动力部件，它的作用主要如下：

（1）从蒸发器中吸取制冷剂蒸气，以保证蒸发器内一定的蒸发压力。

（2）提高压力，将低压低温的制冷剂蒸气压缩成为高温高压的过热蒸气，以创造制冷剂在较高温度下冷凝的条件。

（3）输送并推动制冷剂在系统内的流动，完成制冷循环。

二、车辆空调制冷压缩机的分类

1. 按制冷量分类

制冷压缩机按标准工况下制冷量的大小分为小型、中型和大型三种类型，如表 2-2-1 所示。

表 2-2-1　按标准制冷量分类

序号	类型	制冷量
1	小型	标准工况制冷量小于 58 kW
2	中型	标准工况制冷量为 58～580 kW
3	大型	标准工况制冷量大于 580 kW

注：不同资料数据有差别。

2. 按防止制冷剂泄漏分类

制冷系统内的制冷剂是不允许泄漏的。从防止泄漏所采取的密封结构方式来看，制冷压缩机可分为开启式和封闭式，而封闭式又可进一步分为半封闭式和全封闭式两种。

（1）开启式压缩机：功率的输入是通过伸出机体之外的主轴进行的，压缩机和电动机分为两体，它们通过传动装置（联轴器、传动带或变速箱）相连接传动。

（2）封闭式压缩机：所配用的电动机与压缩机共同组装在一个机体（壳）内，并共用一根主轴，且不伸出机体（壳），因而不需设置轴封装置，减少了泄漏的可能性，同时又可降低噪声。

3. 按气缸布置分类

压缩机可分为卧式、直立式和角度式 3 种类型。卧式压缩机的气缸轴线呈水平布置。这种类型在大型制冷压缩机中较为多见，此外在全封闭制冷压缩机中也有采用。直立式压缩机的气缸轴线呈直立布置。考虑到压缩机结构的紧凑性、运转平稳性及振动的大小，以双缸直立式为常见形式。角度式压缩机的气缸轴线呈一定的夹角布置，有 V 形、W 形和 S 形（扇形）等之分。角度式布置方式能够使压缩机结构紧凑，体积和占地面积小、振动小、运转平稳等，因此被现代中、小型高速多缸压缩机所广泛采用。

4. 按工作原理分类

制冷压缩机按工作原理不同可分为容积型和速度型两大类。具体分类如图 2-2-1 所示。

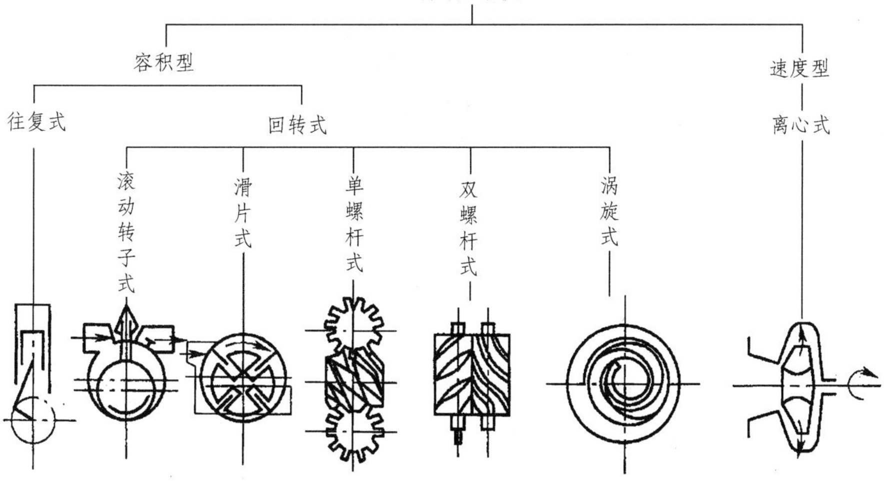

图 2-2-1　制冷压缩机按工作原理分类

容积型压缩机通过改变工作容积来完成气体的压缩和输送。低压气体受到压缩，体积被强制缩小，从而达到提高压力的目的。

容积型压缩机主要有活塞式、螺杆式、滚动转子式、滑片式和涡旋式。

其中活塞式压缩机是通过活塞在气缸内做往复运动来改变工作容积；而螺杆式和旋转式压缩机是通过螺杆或转子在气缸内做旋转运动来改变工作容积。

速度型压缩机是使气体在高速转动的叶轮中提高转速，而后通过导向器使气体的动能转化为压力能，进而完成气体的压缩和输送任务。目前常采用的速度型压缩机是离心式压缩机。城轨车辆上几种类型可交叉使用，如南宁地铁使用的压缩机类型为小型全封闭卧式涡旋压缩机。

三、活塞式压缩机

活塞式制冷发展历史悠久，具有丰富的设计、制造和运行经验，至今在各个领域中依然被广泛采用并得到发展。然而在工业不断发展和进步的过程中，越来越多的压缩机被卓有成效地开发和运用，使得活塞式压缩机的适用范围逐渐减小，特别是在大冷量环境需求下更为显著。但是，在中小冷量范围内，需求还是以活塞式压缩机为主。

1. 活塞式压缩机的结构

活塞式制冷压缩机的结构形式有很多种，但其基本组成不外乎以下几个部分，如图 2-2-2 所示。活塞式制冷压缩机又可分解为机体组件、工作空间、传动机构和其他辅助部分，如表 2-2-2 所示。

图 2-2-2　活塞式制冷压缩机

表 2-2-2　活塞式制冷压缩机基本组成

序　号	机　构	主要部件
1	机体组件	机体和各种盖板
2	工作空间	由气缸、活塞和吸、排气阀片等构成容积可变的工作空间

续表

序　号	机　构	主要部件
3	传动机构	曲轴、连杆等
4	其　他	由油泵、轴封等构成的润滑和密封设施（小型压缩机没有油泵，封闭式压缩机没有轴封）

2. 活塞式压缩机的工作原理

上止点和下止点：活塞在气缸内上下往复运动时，最上端的位置称为上止点（又称上死点），最下端的位置称为下止点（又称下死点）。

行程：上止点与下止点之间的距离称为活塞行程。它也是活塞向上或向下运动一次所走的路程，通常用 s 表示。

气缸工作容积：上、下止点之间气缸工作室的容积，用 V_g 表示。

余隙容积与相对余隙容积：当活塞运动到上止点时，活塞顶与气阀座之间的容积，第一道活塞环以上的环形空间以及气阀通道（与气缸一直相通的）三部分容积组成的容积称为余隙容积，用 V_e 表示。余隙容积与气缸工作容积之比，称为相对余隙容积，用 c 表示。

压缩机的理论工作过程是由等压吸气、绝热压缩和等压排气过程组成的。但由于气缸存在余隙容积，压缩后的气体不能排尽，因此实际上要比理论工作过程多增加一个膨胀过程，即活塞由上死点回程时，余隙内剩余气体开始膨胀，直至压力低于吸入气体的压力。

理想工作过程（见图 2-2-3）与压缩机实际工作过程存在很大的差异，主要是：

① 压缩机没有余隙容积。

② 吸、排气过程没有阻力损失。

③ 吸、排气过程中与外界没有热量交换。

④ 吸、排气阀和活塞环等处有泄漏损失，在工作时运动机构的摩擦面要消耗摩擦功等。

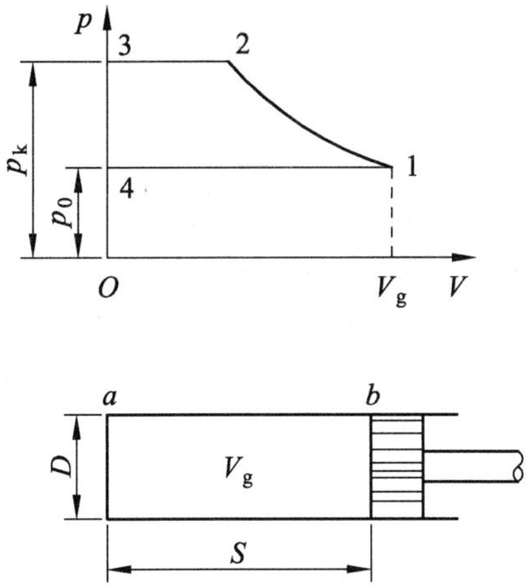

活塞式制冷压缩机理想工作过程 p-V 图

4—1 为吸气过程；1—2 为绝热压缩过程；2—3 为排气过程。

图 2-2-3　理想工作状态

由于这些因素的影响，使得压缩机实际工作过程的输气量要小于理论过程，而功率消耗则大于理论过程。而压缩机的实际工作过程（见图 2-2-4）是由膨胀、吸气、压缩、排气 4 个工作过程组成的。

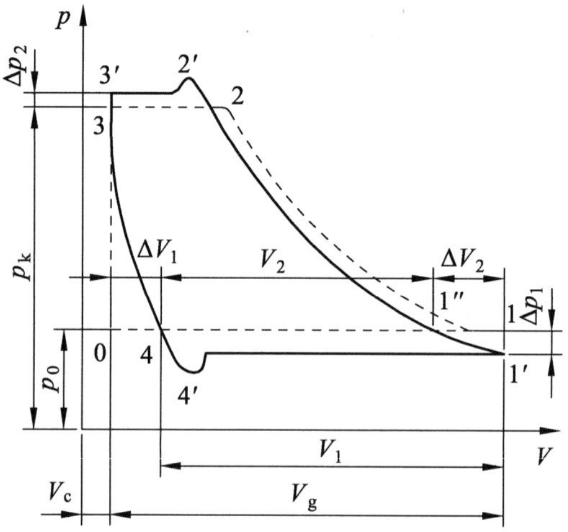

活塞式制冷压缩机实际工作过程的 p-V 图比理想工作过程多了一个膨胀过程 3′—4′。吸气过程 4′—1′、压缩过程 1′—2′、排气过程 2′—3′也与理想过程有所不同。

图 2-2-4　实际工作状态

3. 特　点

（1）活塞式压缩机的优点：

① 适用压力范围广，活塞式压缩机可设计成低压、中压、高压和超高压，而且在等转速下，当排气压力波动时，活塞式压缩机的排气量基本保持不变。

② 压缩效率较高，活塞式压缩机压缩气体的过程在封闭系统中，其压缩效率较高。

③ 适应性强，活塞式压缩机排气量范围较广，而且气体密度对压缩机性能的影响不如速度式压缩机那样显著，同一规格的活塞式压缩机往往只要稍加改造就可以适用于压缩其他的气体介质。

（2）活塞式压缩机的缺点：

① 气体带油污，尤其对有油润滑更为显著。

② 因为受往复运动惯性力的限制，转速不能过高。

③ 排气不连续，气体压力有波动，有可能造成气流脉动共振。

④ 易损零件较多，维修量较大。

【任务实施】

（一）压缩机的分类

（1）说出制冷压缩机按工作原理的分类。

（2）分析容积式气体压缩的本质。

（3）列举一种压缩机的其他分类标准。

（二）活塞式压缩式

（1）写出活塞式压缩机的组成。

（2）描述活塞式压缩机的工作过程。

【任务评价】

本任务评价见表 2-2-3。

表 2-2-3　评价表

评价内容		评价标准	分值	学生互评	教师评价
理论评价	说出制冷压缩机按工作原理的分类	是否能准确描述按工作原理的分类	10 分		
	分组描述容积式气体压缩的本质	是否能准确描述容积式气体压缩的本质	20 分		
技能评价	列举一种压缩机的其他分类标准	是否列举出一种压缩机的其他分类标准	10 分		
	写出活塞式压缩机的组成	是否能写出活塞式压缩机的组成	10 分		
	描述活塞式压缩机的工作过程	是否准确描述活塞式压缩机的工作过程（区分理论和实际情况）	30 分		
情感评价	学习态度	（1）是否能积极思考，回答问题，与教师进行互动； （2）是否有充分的课前准备，完成课前预习及小考	5 分		
	操作规范	操作是否规范，是否具备安全意识	5 分		
	团队协作	是否具有团队协作精神（在任务中请教他人或是帮助他人）	5 分		
学习体会	课后思考	是否有知识、技能、思政收获	5 分		
总　分			100 分		

【课后练习】

（1）简述活塞式制冷压缩机的实际工作过程。

（2）制冷压缩机的作用主要有哪些？

任务三　认知其他制冷压缩机

【任务目标】

通过本工作任务的学习，理解螺杆式、滚动转子式、滑片式、涡旋式等几种城轨车辆空调常用压缩机的结构、工作原理和工作特点。

【任务分析】

本任务主要认知螺杆式、滚动转子式、滑片式、涡旋式压缩机结构，并结合结构分析气体压缩原理，同时根据结构对比总结各种类型压缩机的特点。

实施任务时要特别注意安全要求和规范，一般以学习小组为单位实施。

【任务准备】

一、螺杆式制冷压缩机

（一）螺杆式制冷压缩机的基本结构

螺杆式制冷压缩机是一种容积型回转压缩机。它是由一对互相啮合的螺杆转子的旋转来实现对制冷剂蒸气的压缩和输送的。

螺杆式压缩机又分为单螺杆压缩机（见图 2-3-1）和双螺杆压缩机（见图 2-3-2）。通常为简化起见，也称双螺杆压缩机为螺杆式压缩机。单螺杆压缩机又称蜗杆压缩机，它由一根螺杆和两个星轮组成。它在很多方面与双螺杆压缩机类似，而且具有更加理想的力平衡性，故在国内外得到了较快发展，不过目前在制冷方面使用还不广泛。

图 2-3-1　单螺杆压缩机

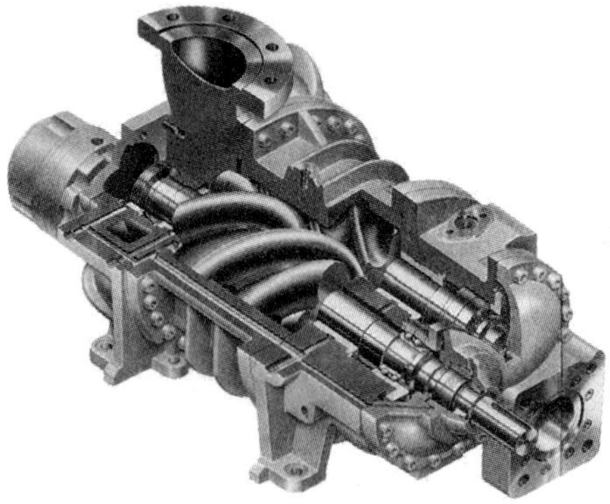

图 2-3-2　双螺杆压缩机

（二）螺杆式制冷压缩机的基本结构

螺杆压缩机（见图 2-3-3）的主要组成部分有转子、机体、轴承、轴封、平衡活塞及能量调节装置等。

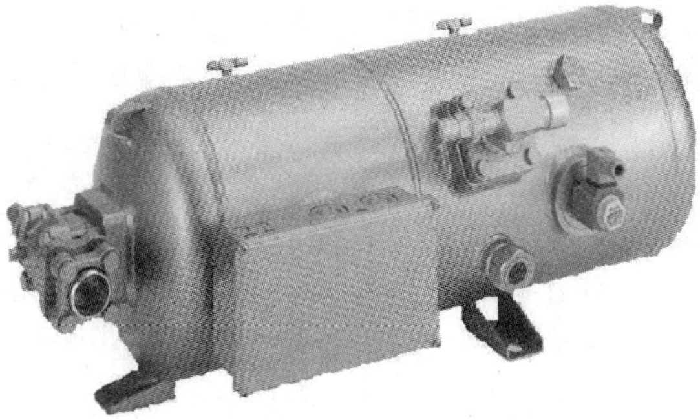

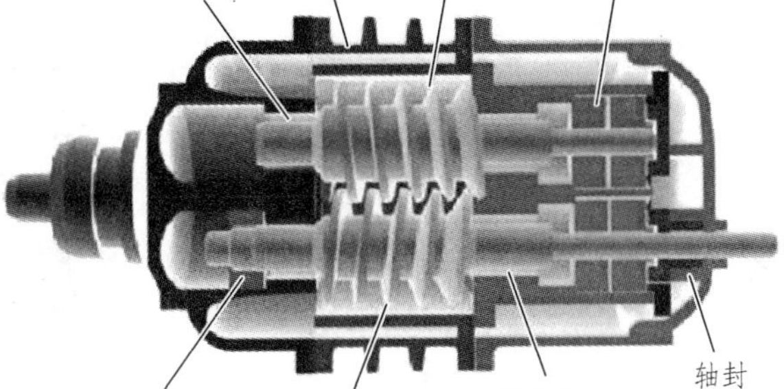

图 2-3-3　螺杆压缩机

图 2-3-3 所示为全封闭式的螺杆式制冷压缩机的结构，它主要由压缩机机体、阳转子、阴转子等组成，如图 2-3-4、图 2-3-5 所示。两个互相啮合的转子平行地安装在机体内，彼此反向旋转。一般主动转子的端面齿形是凸齿，称为阳转子或阳螺杆；从动转子的端面齿形是凹齿，称为阴转子或阴螺杆。阳转子与阴转子的齿数比一般取 4∶6，以使两个转子的刚度大致相等。

图 2-3-4　螺杆压缩机机体

图 2-3-5　螺杆压缩机螺杆

（三）螺杆式制冷压缩机的工作原理

螺杆式（即双螺杆）制冷压缩机具有一对互相啮合、相反旋向的螺旋形齿的转子。转子的齿相当于活塞，转子的齿槽、机体的内壁面和两端端盖等共同构成的工作容积，相当于气缸。机体的两端设有成对角线布置的吸气、排气孔口。随着转子在机体内的旋转运动，工作容积由于齿的侵入或脱开而不断发生变化，从而周期性地改变转子每对齿槽间的容积，来达到吸气、压缩和排气的目的。

互相啮合的转子，在每个运动周期内，分别有若干个相同的工作容积依次进行相同的工作过程，这一工作容积，称为基元容积。基元容积由转子中的一对齿面、机体内壁面和端盖所组成。只需研究其中一个工作容积的整个工作循环，就能了解压缩机工作的全貌。

螺杆式制冷压缩机的运转过程从吸气过程开始，然后气体在密封的基元容积中被压缩，最后由排气孔排出。阴、阳转子和机体之间形成的呈“V”字形的一对齿间容积的大小随转子的旋转而变化，同时，其空间位置也不断移动，如图 2-3-6 所示。

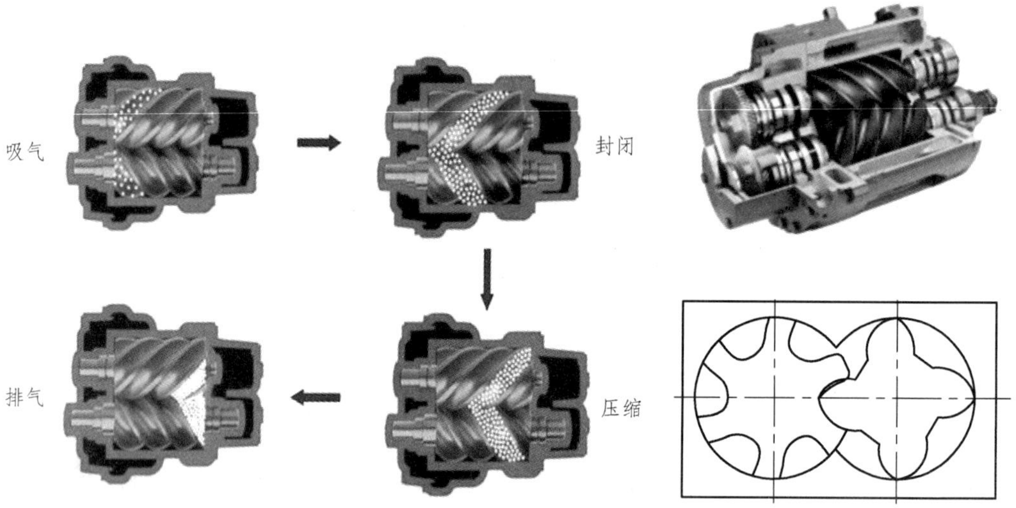

图 2-3-6　容积变化过程

1. 吸气过程

随着转子的旋转，阳转子的一个齿连续地脱离阴转子的一个齿槽，齿间容积逐渐扩大，并和吸气孔口连通，气体经吸气孔进入齿间容积，直到齿间容积达到最大值时，与吸气孔口断开，齿间容积封闭，吸气过程结束，如图 2-3-6 所示。值得注意的是，此时阴、阳转子的齿间容积彼此并不连通。

2. 压缩过程

转子继续旋转，在阴、阳转子齿间容积连通之前，阳转子齿间容积中的气体，受阴转子齿的侵入先行压缩；经某一转角后，阴、阳转子齿间容积连通，形成“V”字形的齿间容积对（基元容积）。随着两转子齿的互相挤入，基元容积被逐渐推移，容积也逐渐缩小，实现气体的压缩过程，如图 2-3-6 所示，压缩过程直到基元容积与排气孔口相连通时为止，此刻排气过程开始。

3. 排气过程

如图 2-3-6 所示，由于转子旋转时基元容积不断缩小，将压缩后的气体送到排气管，此过程一直延续到该容积最小时为止。

随着转子的连续旋转，上述吸气 、压缩、排气过程循环进行，各基元容积依次陆续工作，构成了螺杆式制冷压缩机的工作循环。

从以上过程的分析可知，两转子转向互相迎合的一侧，即凸齿与凹齿彼此迎合嵌入的一侧，气体受压缩并形成较高压力，称为高压力区；相反，螺杆转向彼此相背离的一侧，即凸齿与凹齿彼此脱开的一侧，齿间容积在扩大形成较低压力，称为低压力区，这两区域借助机壳、转子相互啮合的接触线而隔开，可以粗略地认为两转子的轴线平面是高、低压力区的分界面。另外，由于吸气基元容积内的气体随转子旋转，由吸气端向排气端做螺旋运动，因此吸气、排气孔口要成对角线布置，吸气孔口位于低压力区的端部，排气孔口位于高压力区的端部。

（四）螺杆式制冷压缩机的特点

1. 优　点

（1）与活塞式制冷压缩机相比，螺杆式制冷压缩机的转速较高（通常在 3000 r/min 以上），又有质量轻、体积小、占地面积小等一系列优点，因而经济性较好。

（2）没有往复质量惯性力，动力平衡性能好，故基础可以很小。

（3）结构简单紧凑，易损件少，维修简单，使用可靠。

（4）对进液不敏感，可采用喷油或喷液冷却，故在相同的压力比下，排气温度比活塞式制冷压缩机低得多，因此单级压力比高。

（5）与离心式制冷压缩机相比，螺杆式制冷压缩机具有强制输气的特点，即输气量几乎不受排气压力的影响，在较宽的工况范围内，仍可保持较高的效率。

2. 缺　点

（1）由于气体周期性地高速通过吸、排气孔口，且缝隙的泄漏等原因，压缩机噪声很大，需要采取消音或隔音措施。

（2）要求精度较高的螺旋状转子，这样就需要有专用设备和刀具来加工。由于间隙密封和转子刚度等的限制，目前螺杆式制冷压缩机还不能像活塞式制冷压缩机那样达到较高的终了压力。

二、涡旋式制冷压缩机

（一）涡旋式制冷压缩机的基本结构

涡旋式制冷压缩机（见图 2-3-7）目前仅有小型全封闭式及开启式两种机型。

压缩机主要由固定涡旋盘、旋转涡旋盘、十字滑环（防自转机构）、曲轴、支架、机壳等组成。固定涡旋盘和电机定子安装在机壳内壁上。十字滑环是上、下两面设置互相垂直的两对凸键的圆环，上面凸键装在旋转涡旋盘背面的键槽内，下面凸键装在支架的键槽内。十字滑环的作用是防止旋转涡旋盘倾斜和自转。

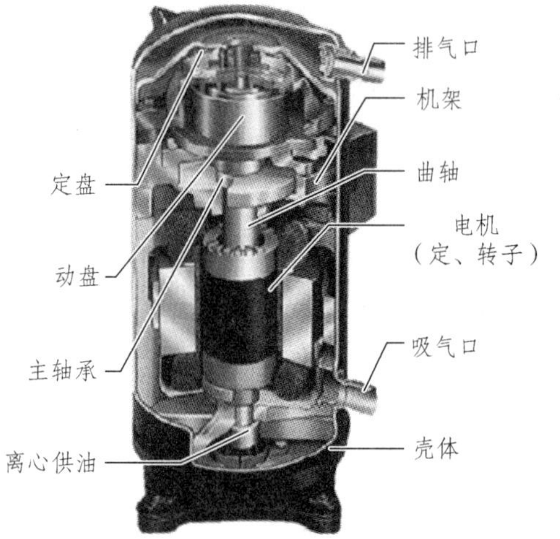

图 2-3-7 涡旋式制冷压缩机结构图

（二）涡旋式制冷压缩机的工作原理

涡旋式压缩机早在 1905 年由法国人发明，由于加工工艺的限制，该技术未能投入实际生产，直到 20 世纪 80 年代才开始商品化。涡旋式压缩机与活塞式压缩机相比，在相同的质量下具有更高的输出功率和能效比，并具有效率高、噪声低和寿命长的优点，缺点是加工精度要求较高。涡旋压缩机是一种新型、节能、省材和低噪的容积型压缩机，其工作原理是利用动、静涡旋盘的相对公转运动形成封闭容积的连续变化，实现压缩气体的目的。

1. 工作原理

涡旋式制冷压缩机主要由两个涡旋盘相错 180°对置而成，其中一个是固定涡旋盘（静盘），而另一个是旋转涡旋盘（动盘），动静盘两个涡旋形叶片相啮合，组合成一个封闭空间，即一系列月牙形封闭工作容积。静盘与机壳相固定，动盘由一个偏心距很小的偏心轴驱动，绕固定盘的涡旋中心以一定半径做公转运动。每转一个角度，月牙形容积被压缩，不断旋转，月牙形容积不断被压缩。旋转角是 0°时，月牙形容积最大；旋转角是 180°时，容积最小。介质压力在外圆处较低，越到中心处压力越高，这种压缩过程连续地、比较平稳地进行。

吸气口设在固定涡旋盘的外侧面，由于曲柄的转动，气体由外边缘吸入，并被封闭在月牙形容积内，随着接触线沿涡旋面向中心推进，月牙形容积逐渐缩小而压缩气体。而高压气体则通过固定涡旋盘上的轴向中心孔排出。

2. 压缩室容积

将两个相同涡旋参数的涡旋体中的一个旋转 180°，再平移回转半径 $R=0.5(P-2t)=r(\pi-2\alpha)$ 的距离。使两涡旋体相互相切接触，可以形成若干对月牙形空间。此空间为涡旋式压缩机压缩室容积。

$$压缩室容积=月牙形面积\times涡旋体高度$$

工作特点：涡旋压缩机在主轴旋转一周的时间内，其吸气、压缩、排气三个工作过程是同时进行的；外侧空间与边缘吸气口相通，始终处于吸气过程；内侧空间与中心排气口相通，始终处于排气过程。

3. 工作过程

工作过程包括吸气、压缩、排气 3 个过程，如图 2-3-8 所示。

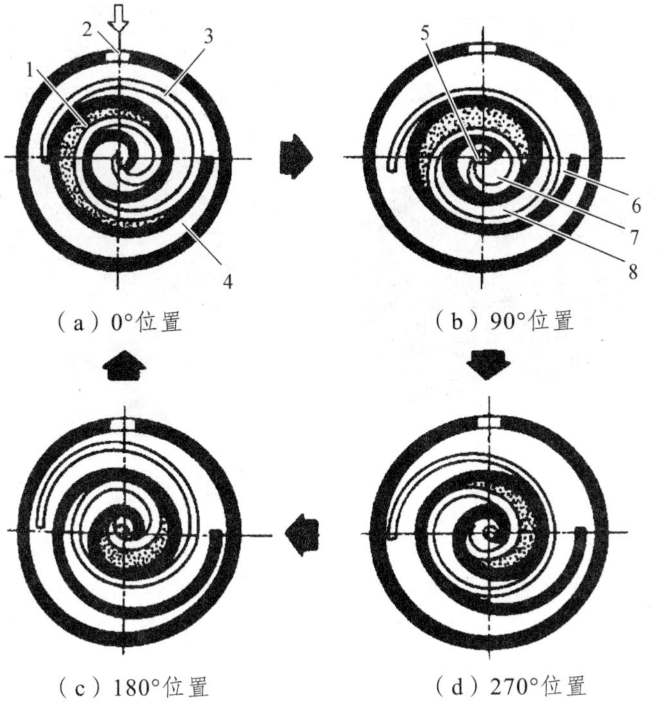

1—压缩室；2—进气口；3—动盘；4—静盘；5—排气口；6—吸气室；7—排气室；8—压缩室。

图 2-3-8 涡旋式压缩机工作原理示意图

在曲柄轴的每一转中，都形成一个新的吸气容积，所以上述过程不断重复，依次完成。

图 2-3-8（a）表示正好吸入完了的位置；

图 2-3-8（b）表示涡旋外围为吸入过程，中间为压缩过程，中心处为排气过程；

图 2-3-8（c）表示连续而同时进行着吸入和压缩过程。

（三）涡旋式制冷压缩机的工作特点

1. 优 点

（1）相邻两压缩室的压差小，可使气体泄漏量减少。

（2）由于吸气、压缩、排气过程是同时连续进行的，故压力上升速度较慢，因此转矩变化幅度小、振动小；同时没有余隙容积，故不存在引起容积效率下降的膨胀过程。

（3）无吸、排气阀，效率高，可靠性高，噪声低。

（4）由于采用柔性结构，抗杂质和液击能力强，一旦压缩腔内压力过高，可使动盘与静盘端面脱离，压力立即得到释放。

（5）机壳内腔为排气室，减少了吸气预热，提高了压缩机容积效率。

（6）由于压缩气体由外向内运动，可进行喷液冷却和中间补气，实现经济性运行。

2. 缺　点

涡旋体型线加工精度非常高，其端板平面的平面度、端板平面与涡旋体侧壁面的垂直度须控制在微米级，必须采用专用的精密加工设备以及精确的调心装配技术。

（四）典型涡旋式制冷压缩机

如图 2-3-9 所示为全封闭卧式涡旋型压缩机，现在地铁车辆空调中使用广泛。

图 2-3-9　全封闭卧式涡旋型压缩机

全封闭涡旋式压缩机是当前最先进的制冷压缩机，在抗振动、抗液击以及频繁启停等方面具有优异的性能，特别适用于冲击和振动大的运输工具上。与其他形式压缩机相比，具有噪声低、振动小、效率高、寿命长的特点，压缩机工作寿命达到启停次数 17 万次以上。

压缩机表面可以看到低压吸气管、高压排气管、容量控制管、压力管、电源接线盒，以及安装座，如图 2-3-10 所示。

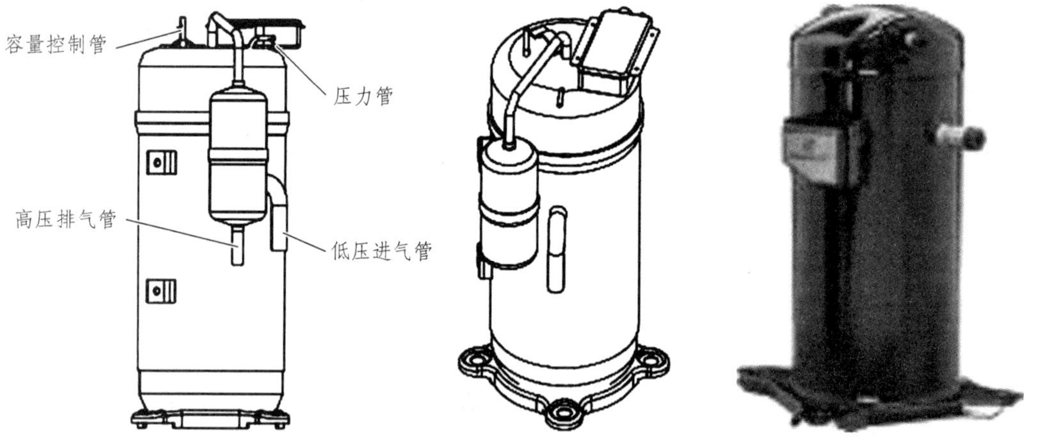

图 2-3-10　压缩机管路

压缩机的冷却是依靠吸入的制冷剂蒸气进行冷却的。如果制冷系统内制冷剂泄漏、加入过少，压缩机运转时会得不到良好冷却，造成压缩机过热而损坏。

压缩机内含 3 L 冷冻油（压缩机使用冷冻油为钻石牌冷冻机油 MEL32），作为润滑油封入。如系统压缩机损坏更换时，压缩机自带冷冻机油则无须另加。

这种涡旋式压缩机有固定的旋转方向，因此，安装时务必注意检查避免接线错误。

另外，压缩机排气管路上装有排气温度保护器作为保护装置，当压缩机排气温度异常高温（超过 135 °C）时，保护器动作，控制压缩机接触器线圈失电，切断压缩机三相供电电源回路，使压缩机停机。

三、滚动转子式制冷压缩机结构

目前生产的滚动转子式压缩机主要有两种形式：① 大型开启式压缩机，多用氨为工质，只有瑞士埃希尔韦斯公司生产；② 小型全封闭式压缩机，一般标准制冷量多为 3 kW 以下，广泛应用于小型冷冻、冷藏与空调装置中。

小型全封闭式压缩机分为卧式和立式两种。目前冰箱和冷柜中使用的是卧式，空调器中大都采用立式。吸气由机壳下部的接管直接进入气缸，吸气管上装有液体收集器，润滑油经下部弯管小孔被吸入气缸。高压气体直接排入机壳中。外壳还装有过载继电器，它的感应元件置于壳体内，内部无减振机构，而润滑系统靠离心和压差供油。

（一）滚动转子式制冷压缩机的工作原理

滚动转子式压缩机又称滚动活塞压缩机，或固定滑片压缩机，是回转式压缩机的一种。它是利用一个偏心圆筒形转子在气缸内转动来改变工作容积，以实现气体的吸入、压缩和排出，因而也属于容积式压缩机。

图 2-3-11 为它的简图。在圆筒形气缸 1 内，偏心配置一个转子 2。转子是在偏心轮上套装一个可以转动的套筒而组成的。转子围绕旋转中心 O（与气缸中心重合）转动，转子的套筒在气缸 1 的内表面上滚动，两者具有一条接触直线（实际上往往留有很小间隙），这就是两圆柱面的切线。因此，气缸内表面与转子外表面之间构成一个月牙形空间，它的两端被气缸盖封闭，这就是气缸的工作腔，其位置随转子的转角而变化。在气缸的吸气孔与排气孔之间开有一个径向槽，槽中装有一个滑片 5，滑片顶部装有弹簧 6。当转子转动时，滑片做径向往复运动，而其下端始终紧贴在转子表面上。滑片将月牙形空间分成两部分，一部分与吸气孔口 7 相通，称为吸气腔；另一部分通过排气阀 4 与排气腔相通，称为排气腔。当转子转动时，吸、排气腔的容积都在不断变化，吸气腔不断增大，排气腔不断缩小，当转子转到最高点时，吸气腔的容积达到最大值，而排气腔的容积缩小为零。

滚动转子式压缩机的工作容积中，基元容积由气缸内圆、转子外圆、滑片以及转子与气缸切线（点）构成。基元面积的位置与大小随切点位置而变，而切点又随转子做旋转运动。所以基元面积的大小是转子转角 P 的函数。

（二）滚动转子式压缩机的特点

（1）结构简单，体积小，质量轻，同活塞式压缩机比较，体积和质量均可减小 40%～50%。

（2）零部件少，特别是易损件少，同时相对运动部件之间的摩擦损失少，因而可靠性较高。

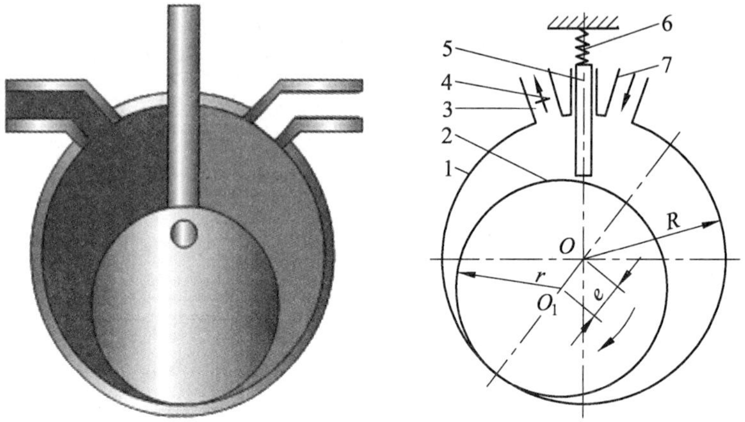

1—气缸；2—转子；3—排气孔；4—排气阀；5—滑片；6—弹簧；7—吸气孔。

图 2-3-11 转子式压缩机基本结构示意图

（3）仅滑片有较小的往复惯性力，旋转惯性力可完全平衡，因此振动小，运转平稳。

（4）没有吸气阀，吸气时间长，余隙容积小，并且可直接吸气，减小了吸气有害过热，所以其效率高。但其加工及装配精度要求高。

近年来，在电冰箱中使用小型滚动转子压缩机的越来越多，而在空调器中有完全取代活塞式压缩机的趋势。

几种压缩机性能的比较如表 2-3-1 所示。

表 2-3-1 几种压缩机性能比较

比较项目	涡旋式压缩机	滚动转子式压缩机	往复式压缩机
高压到低压泄漏量	少	有泄漏	有泄漏（最大）
吸气阀阻力	无	无	有
排气阀阻力	无	有	有
顶端余隙容积	无	较小	有
能效比	2.9	2.6	2.6 以下
噪声	90	105	100
振动	60	400	100
零部件数量	40	60	100
质量	85	75	100
工作精度	最高	高	一般

【任务实施】

（一）认知常用压缩机

（1）说出常用压缩机的种类。

（2）根据结构和运动分析螺杆式压缩机的特点。

（3）指出涡旋式压缩机的主要组成。

（二）认知滚动转子式制冷压缩机的工作原理

分析滚动转子式制冷压缩机的工作原理。

【任务评价】

本任务评价见表 2-3-2。

表 2-3-2　评价表

评价内容		评价标准	分值	学生互评	教师评价
理论评价	说出常用压缩机的种类	是否列举完整	10 分		
	根据结构和运动分析螺杆式压缩机的特点	是否能结合结构和运动准确描述优缺点	20 分		
技能评价	指出涡旋式压缩机的主要组成	是否完全写出涡旋式压缩机的组成	20 分		
	分析滚动转子式制冷压缩机的工作原理。	是否分析正确、逻辑清晰	30 分		
情感评价	学习态度	（1）是否能积极思考，回答问题，与教师进行互动； （2）是否有充分的课前准备，完成课前预习及小考	5 分		
	分析问题	思路清晰、逻辑严谨	5 分		
	团队协作	是否具有团队协作精神（在任务中请教他人或是帮助他人）	5 分		
学习体会	课后思考	是否有知识、技能、思政收获	5 分		
总　分			100 分		
学习体会					

【课后练习】

（1）根据结构和运动分析螺杆式压缩机的特点。

（2）对比分析城轨车辆空调常用压缩机的性能。

（3）车辆空调常用压缩机类型有哪些？

任务四　制冷换热器

【任务目标】

通过对制冷换热器的认知和学习，能够说出换热器的作用，掌握制冷换热器的热量传导公式、影响散热因素。会对提高换热设备的换热量提出相关建议。结合制冷原理识别换热器和蒸发器的安装位置。

【任务分析】

本任务主要通过理论学习，知道影响表面式换热设备换热效果的影响因素，掌握城轨车辆空调系统中蒸发器和冷凝器的作用、安装位置，并说出二者的区别和联系。

实施任务时要特别注意安全要求和规范，一般以学习小组为单位实施。

【任务准备】

用于制冷的换热器主要有冷凝器和蒸发器等，它们是制冷系统必不可少的换热设备，其换热效果直接影响制冷装置的质量、性能和运行的经济性。冷凝器和蒸发器的形式与制冷装置的用途，换热介质（制冷剂、载冷剂和冷却介质）的种类、流动方式及换热特性等因素都有关。

一、换热器的工作原理

（一）传热的基本方程式

换热器是将两种或两种以上温度的流体进行热量传递的设备。冷凝器和蒸发器是制冷装置的重要换热设备，它们的结构类型虽然很多，但基本传热方式大都是冷热两种流体被金属壁面隔开而进行相互传热的，属于表面式换热设备。表面式换热设备的基本传热公式为

$$Q=KFt_m \tag{2-4-1}$$

式中　Q——换热设备的传热量，W；

K——传热系数，W/（$m^2\cdot K$）；

F——传热面积，m^2；

t_m——平均温差，°C。

制冷传热器的传热计算，一般根据 Q、K、t_m 来求取传热面积，是从制冷循环的热力计算中得出的，t_m 是换热器管两侧流体的对数平均温差或算术平均温差，传热系数又是传热计算的关键。

二、换热器的工作效率及其影响因素

根据式（2-4-1）可知两侧流体之间的传热量与两流体的温差、传热面积以及传热系数成正比。这个温差是由环境（室内外空气温度、水温等）与制冷系统的运行工况（冷凝温度、蒸发温度等）决定的，不会任意变动。而面积决定了换热器的大小，与金属材料消耗量及制造成本有关，也不宜随意增加，因此要增大传热量，设法提高传热系数才是最有意义的。

理论上传热系数计算既要确定传热面两侧的流体表面传热系数及传热面总热阻，还要考虑污垢及传热面积等因素的影响，往往比较复杂，实际计算中，通常给出各种制冷换热设备的传热系数的大致范围。通常将风冷式冷凝器的传热系数取为 20 ~ 50 W/（m^2 · K），直接蒸发式空气冷却器的传热系数取为 0.03 ~ 0.04 W/（m^2 · K）。

如果制冷机的设备、工作条件已经确定，提高换热器工作效率的主要途径是提高传热系数。而换热器的结构对传热系数的影响已无法改变，污垢对传热系数的影响也只能靠勤清理而改善，因此，提高换热器的换热系数主要是如何提高换热器两侧流体的换热系数。蒸发器的传热效果与冷凝器一样，也是受到制冷剂侧的换热系数、传热表面污垢物的热阻及被冷却介质侧的换热系数等因素的影响，其中表面污垢的热阻及被冷却介质侧的换热系数的影响与冷凝器一样，但制冷剂侧的换热系数与冷凝器是有很大不同的。这是因为制冷剂在它们中的换热方式有着本质的区别，一个是凝结，一个是沸腾。下面主要分析冷凝器和蒸发器两种换热器传热效率的影响因素。

1. 影响冷凝器传热效率的因素

（1）影响制冷剂蒸气凝结换热的因素

① 制冷剂蒸气的流速和流向的影响。制冷剂在冷凝器中的凝结一般都是膜状凝结，即当制冷剂蒸气与低于饱和温度的冷凝器壁面接触时，便凝结成一层液体薄膜，液膜在重力作用下向下流动，液膜是冷凝器中制冷剂侧的热阻，液膜越厚，热阻越大，换热系数越小。当制冷剂蒸气的流动方向与液膜的流动方向一致时，使液膜的流动加快，液膜厚度减小，换热系数增大，而且随着蒸气流速的增加而增加。因此适当增加蒸气的流速，可获得较大的换热系数。

② 传热壁面粗糙度的影响。当壁面很粗糙或有氧化皮时，液膜流动阻力增大，使液膜增厚，换热系数降低，所以应保持冷凝器内表面光滑和清洁，以获得较大的凝结换热系数。

③ 制冷剂蒸气中含有不凝性气体的影响。在制冷系统中，总会有一些不凝性气体存在，如组装、检修时不慎或低压段处有渗漏点进入了空气，以及制冷剂、润滑油在高温下分解出的氮气、氢气等，这些不凝性气体在冷凝器中附着在凝结液膜上，且由于不凝性气体的分压力很高，因而使制冷剂蒸气的压力减小，其饱和温度也相应减小，制冷剂蒸气的凝结速度减慢。因此应注意防止空气等不凝性气体进入系统，一旦进入要及时排出。

④ 制冷剂中含油对凝结换热的影响。如果制冷剂与润滑油不相溶，随制冷剂蒸气进入冷凝器的润滑油将形成油膜沉积在冷凝器内表面上，降低换热系数。因为氟利昂能与润滑油互溶，因此对于氟利昂系统，当润滑油浓度小于 6% ~ 7%时，可不考虑对传热的影响，如超过此限，换热系数也将降低。

⑤ 冷凝器构造形式的影响。制冷剂蒸气在横放单管外表面冷凝时的传热系数一般大于直立管的换热系数，因为直立管的下部，冷凝液膜层厚度较大，不管是何种结构形式的冷凝器，要提高制冷换热器及其他辅助设备的凝结传热系数，就必须保证能迅速将传热表面的冷凝液体排除，并保证表面清洁。

（2）影响空气侧换热的因素

影响空气冷却式冷凝器空气侧换热的主要因素是空气的流速。换热系数随着空气流速增加而增大，但是流速太大，会使通过冷凝器的空气流动阻力增加，从而增加冷却风机的功率。因此综合考虑技术经济指标，一般取空气流速为 2 ~ 5 m/s。空气冷却式冷凝器长期使用后，表面会积存一些灰尘和油污等，这会影响冷凝器的传热效果，因此应定期对冷凝器进行清扫或清洗

2. 影响蒸发器传热效率的因素

（1）制冷剂液体物理性质的影响

热导率较大的制冷剂，传热方向的热阻小，其沸腾换热系数就大。密度和黏度较小的制冷剂液体，沸腾时单位时间内产生的气泡多，其对流换热系数就大。

（2）制冷剂润湿能力的影响

如果制冷剂对受热表面的润湿能力强，则沸腾时形成的气泡小，能迅速地脱离传热表面，换热系数就大。如果制冷剂不能很好地润湿传热表面，则沸腾时形成的气泡就很大甚至形成气膜，使换热系数明显下降。

（3）制冷剂蒸发温度的影响

制冷剂的蒸发（沸腾）温度越低，饱和温度下的密度差（蒸气与液体的密度差）越大，液体的表面张力就越大，气泡的直径就越大，换热系数就越小；反之，蒸发温度越高，换热系数越大。

（4）制冷剂中润滑油的影响

制冷剂中含有润滑油的浓度对换热系数有一定的影响。当制冷剂中含油的浓度在 8% ~ 12%时，换热系数比无油时还高，但含油量再进一步增加时，换热系数将会降低。

（5）蒸发器构造的影响

实验表明，肋片管上的换热系数大于光管的换热系数，而且管束上的换热系数大于光管的换热系数，肋片管束的换热系数大于光管管束的换热系数。

【任务实施】

（一）认知换热器

（1）能分析传热的基本方程式，理解各参数的代表含义。

（2）根据传热的基本方程式分析换热器的影响因素。

（3）可以根据换热器影响因素提出提高换热效果的合理建议。

（二）认知蒸发器和冷凝器

正确识别蒸发器和冷凝器。

【任务评价】

本任务评价见表 2-4-1。

表 2-4-1　评价表

评价内容		评价标准	分值	学生互评	教师评价
理论评价	能分析传热的基本方程式，理解各参数代表的含义	是否掌握传热的基本方程式，并分析正确	10 分		
	根据传热的基本方程式分析换热器的影响因素	是否能完整描述影响因素	20 分		
	可以根据换热器影响因素提出提高换热效果的合理建议	根据理论分析，建议是否合理。根据实际情况建议是否可行	30 分		
技能评价	正确识别蒸发器和冷凝器	是否能正确识别部件	20 分		
情感评价	学习态度	（1）是否能积极思考，回答问题，与教师进行互动； （2）是否有充分的课前准备，完成课前预习及小考	5 分		
	分析问题	思路清晰、逻辑严谨	5 分		
	团队协作	是否具有团队协作精神（在任务中请教他人或是帮助他人）	5 分		
学习体会	课后思考	是否有知识、技能、思政收获	5 分		
总　分			100 分		
学习体会					

【课后练习】

小组讨论分析影响换热器热交换性能的因素，并绘制思维导图。

任务五　认知蒸发器和冷凝器

【任务目标】

通过对城轨车辆空调中蒸发器和冷凝器的认知和学习，能够说出蒸发器和冷凝器的作用、结构及影响换热的因素，并说出二者的区别和联系。能提出对提高蒸发器换热效果的相关创新建议。掌握清洗维护的原因和方法。

【任务分析】

本任务主要通过结构认知学习，掌握城轨车辆空调系统中蒸发器和冷凝器的结构，并说出二者的区别和联系。能通过思考，提出对提高蒸发器换热效果的相关合理创新建议。掌握清洗维护的原因和方法。

实施任务时要特别注意安全要求和规范，一般以学习小组为单位实施。

【任务准备】

用于制冷的换热器主要有冷凝器和蒸发器等，它们是制冷系统必不可少的换热设备，其换热效果直接影响制冷装置的质量、性能和运行的经济性。冷凝器和蒸发器的形式与制冷装置的用途，换热介质（制冷剂、载冷剂和冷却介质）的种类、流动方式及换热特性等因素都有关。

一、冷凝器

（一）冷凝器的分类

在制冷系统中，冷凝器是一个制冷剂向系统外放热的换热器。自压缩机经油分离器来的制冷剂蒸气进入冷凝器后，向冷却介质（水或空气）放热，其状态由过热蒸气变成饱和液体或过冷液体。制冷剂在冷凝器中放出的热量包括两部分：一是通过蒸发器从被冷却物体吸取的热量；二是在压缩机中被压缩时，外界机械功转化的热量。

冷凝器按其冷却介质和冷却方式，可以分为水冷式、蒸发式和空气冷却式（或称风冷式）3 种类型。

1. 水冷式冷凝器

用水作为冷却介质，使高温、高压的气态制冷剂冷凝的设备，称为水冷式冷凝器。

所用的冷却水可以一次流过，也可以循环使用，但容易在冷凝器表面结水垢。当使用循环水时，需建有冷却水塔或冷却水池，使离开冷凝器的水再冷却，以便重复使用。常见水冷式冷凝器形式如图 2-5-1 所示。

2. 蒸发式冷凝器

蒸发式冷凝器用水和空气作为冷却介质，主要是靠水的蒸发把热量带走。

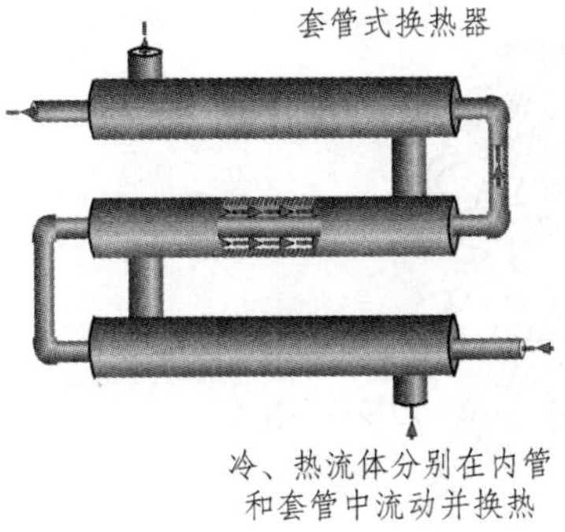

（a）套管

（b）列管

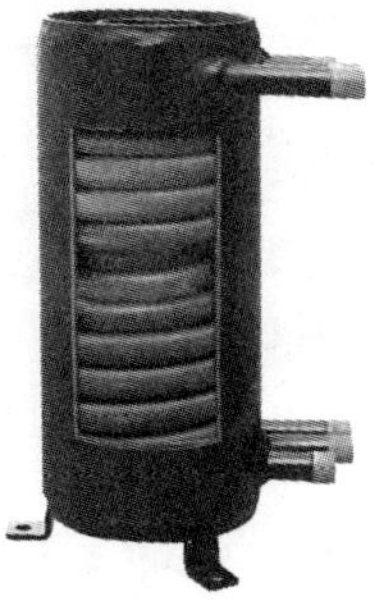

（c）螺旋管式

图 2-5-1　水冷式冷凝器形式

需要说明的是，水在冷凝器管外汽化时，将其中的矿物质完全留在管子的外表面上，水垢层增长较快，因此蒸发式冷凝器应使用软水或经过软化处理的水。蒸发式冷凝器的主要缺点是管外易结水垢、易腐蚀，且维修困难。图 2-5-2 为蒸发式冷凝器工作原理示意图。

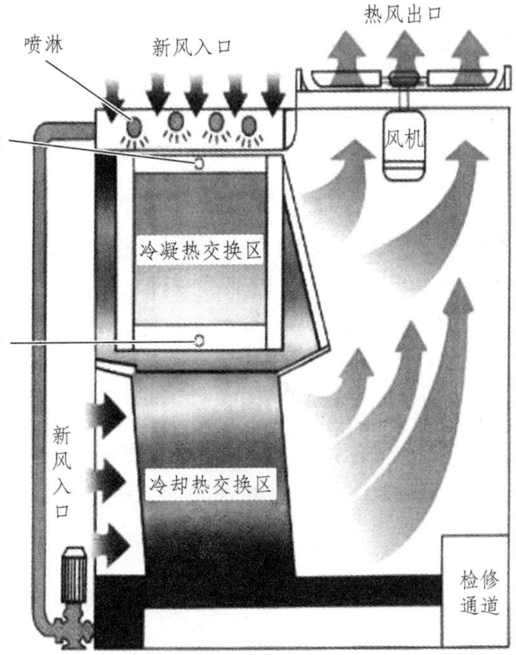

图 2-5-2　蒸发式冷凝器工作原理示意图

3. 空气冷却式冷凝器

空气冷却式冷凝器又称为风冷式冷凝器，分为自然对流式和强迫对流式两种形式。

自然对流空气冷却式冷凝器，其冷凝管多为铜管或表面镀铜的钢管，管外通常做有各种形式的肋片，如图 2-5-3 所示。这种冷凝器的换热系数很小，为 5 ~ 10 W/（$m^2 \cdot K$），主要用于家用冰箱和微型制冷装置。

表 2-5-1 为几种冷凝方式的对照表。

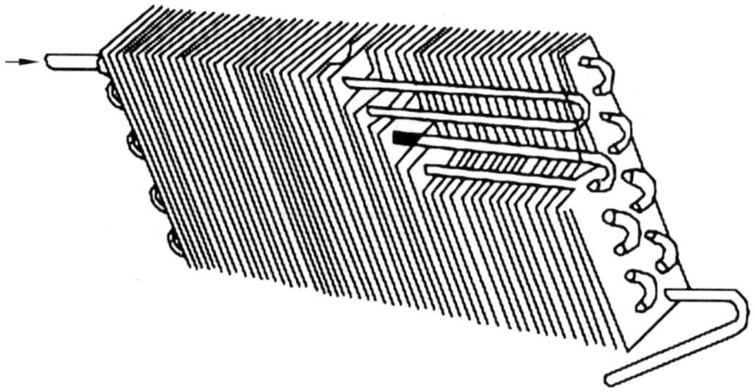

图 2-5-3　空气冷却式冷凝器形式

表 2-5-1　几种冷凝方式对照表

类　型	冷却介质	常见结构	使用场合
空气冷却式	空气	自然对流式、强迫对流式、蛇管式	适用于无法供水的场合，常见于小型氟利昂制冷机组
蒸发式	水和空气	蛇管式	缺水的地区
水冷式	水	壳管式、壳管式、套管式	多用于大型制冷设备

（二）冷凝器结构

图 2-5-4 为城轨车辆空调常用的强迫对流空气冷却式冷凝器的结构图。它是由几组蛇形盘管组成，蛇管如图 2-5-5 所示；在盘管外加翅片，翅片如图 2-5-6 所示，以增大空气侧换热面积；用如图 2-5-7 所示的边板（端板）进行固定支撑，同时采用风机加速空气的流动，风机如图 2-5-8 所示。

氟利昂蒸气从上部的分配集管进入每根蛇管中，分配集管如图 2-5-9 所示；氟利昂蒸气凝结成液体沿蛇管流下，汇于液体集管中，然后流出冷凝器，空气在风机的作用下从管外流过。这种冷凝器的换热系数不高，当迎面风速为 2 ~ 3 m/s 时，按全部外表面计算的换热系数为 24 ~ 29 W/（m^2·K）。

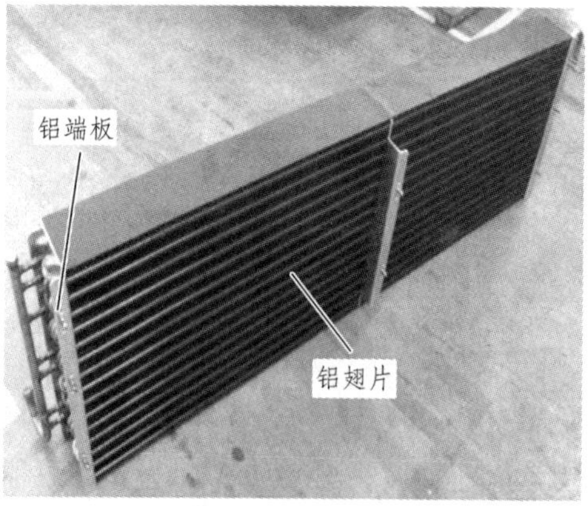

图 2-5-4　空气冷却式冷凝器

图 2-5-5　蛇管

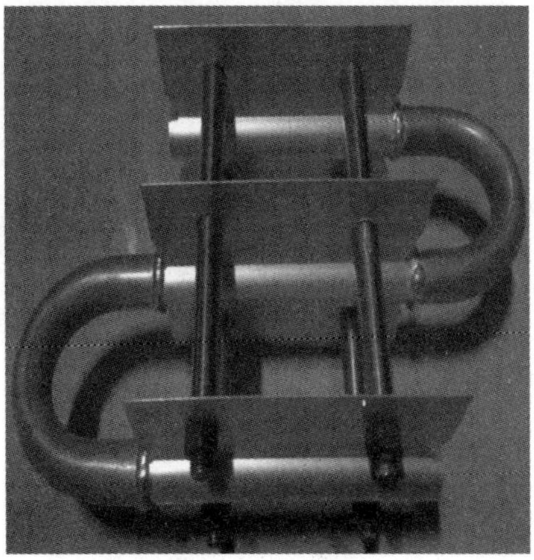

图 2-5-6　翅片

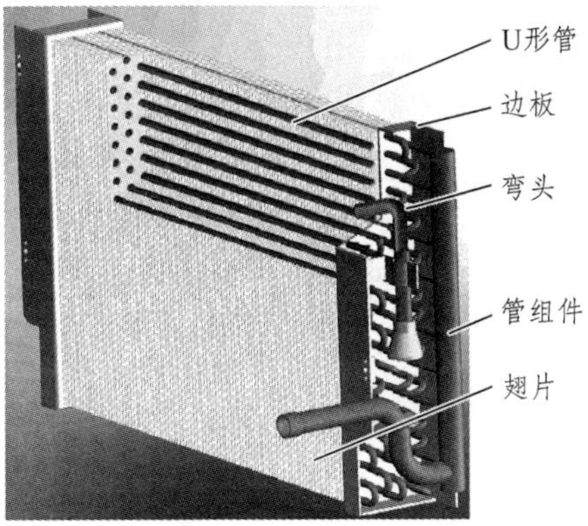

图 2-5-7　端板结构

图 2-5-8　轴流风机

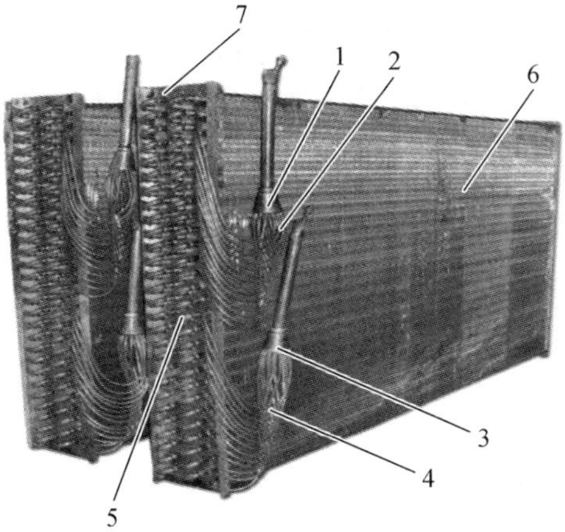

1—分液器；2—分液管；3—集液器；4—集液管；5—蛇管；6—翅片；7—端板。

图 2-5-9　分配集管

冷凝风机将外界空气吹过冷凝器，用于强化制冷剂的冷凝过程。冷凝风机一般为直联式轴流风机，电机采用防淋雨结构，防护等级为 IP55。

（三）冷凝器维护保养

冷凝风机为轴流风机，电机和叶轮直接相连。由于电机采用护罩轴承，可长期使用而不需润滑。电机过电流保护由置于控制柜内的热继电器执行。

空气冷却式冷凝器，其传热表面在长期使用后，会被灰尘覆盖，这对传热带来不利影响，因此，在空调机组运行期间，定期清扫和清洗冷凝器，其目的是增强换热器的传热系数，提高制冷剂和管壁间的换热系数，保证机组的正常运行和设计的制冷量。

二、蒸发器

1. 蒸发器的类型与结构

蒸发器是吸收周围空气热量，从而降低温度的热交换设备，实现制冷的目的。城轨车辆空调所用蒸发器与冷凝器结构相似。采用铜管套翅片的方式，由内螺纹铜管和铝翅片组成，通过胀管使它们互相紧密接触，然后与连接弯管、总管和侧板坚固地装配在一起。

直接蒸发式空气冷却器一般由许多并联的蛇形管组成，而且制冷剂分配到各通路是否均匀对蒸发器的冷却效果影响很大，所以在蒸发器的进液处设有分液器（俗称莲蓬头），使经膨胀阀节流后的制冷剂液体通过分液管均匀分配到各蒸发蛇管中。为了保证向各管分液时均匀，各分配管的长度要求一样。

2. 制冷剂在蒸发器中的变化

如图 2-5-10 所示，自节流装置过来的气液混合状态（液体占 80%以上）制冷剂进入蒸发器，低温低压的制冷剂液体在蒸发器中不断吸收被冷却介质的热量而汽化成低温低压气体。制冷剂液体在蒸发器中处于泡状沸腾，沸腾时在传热表面产生许多气泡，这些气泡逐渐增大，脱离表面并在液体中上升，它们上升后，在该处又继续产生一个个气泡，该过程习惯上被称作蒸发过程，实际上是沸腾过程。在蒸发器中，利用制冷剂的蒸发潜热，吸收被冷却介质的热量而使被冷却介质的温度降低，达到制冷的目的。因此，蒸发器是制冷系统中制取和输出冷量的设备。车辆制冷系统中，采用的蒸发器均为直接蒸发式空气冷却器。

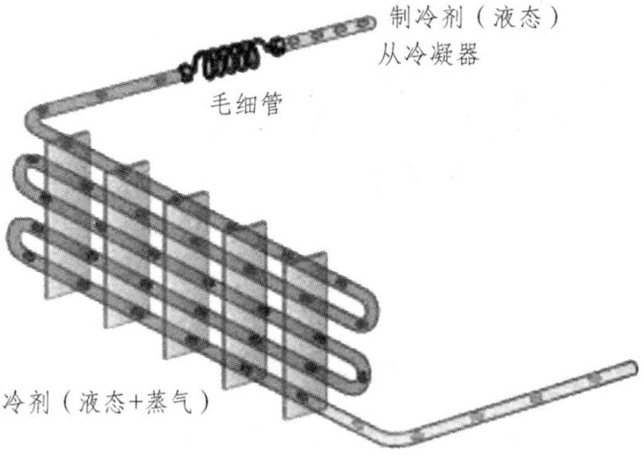

图 2-5-10　制冷剂在蒸发器中的变化

【任务实施】

（一）蒸发器与冷凝器

（1）能说出蒸发器与冷凝器的结构。
（2）会在机组里正确区分蒸发器和冷凝器。

（二）识别冷凝器类型

识别几种常见冷凝器类型。

【任务评价】

本任务评价见表 2-5-2。

表 2-5-2 评价表

评价内容		评价标准	分值	学生互评	教师评价
理论评价	会在机组里正确区分蒸发器和冷凝器	是否结合实物正确区分蒸发器和冷凝器	30 分		
	识别几种常见冷凝器类型	能识别几种常见冷凝器类型	20 分		
技能评价	能说出蒸发器与冷凝器的结构	是否掌握蒸发器与冷凝器的结构	30 分		
情感评价	学习态度	（1）是否能积极思考，回答问题，与教师进行互动； （2）是否有充分的课前准备，完成课前预习及小考	5 分		
	分析问题	思路清晰、逻辑严谨	5 分		
	团队协作	是否具有团队协作精神（在任务中请教他人或是帮助他人）	5 分		
学习体会	课后思考	是否有知识、技能、思政收获	5 分		
总分			100 分		
学习体会					

【课后练习】

（1）简要介绍城轨车辆空调常用冷凝器的结构。
（2）冷凝器和蒸发器的作用是什么？

任务六　认知节流装置

【任务目标】

通过对节流装置的认知和学习，能够知道节流装置的作用，可以列举常见节流装置的类型。能认识典型节流装置——膨胀阀和毛细管的结构和工作原理。结合制冷原理识别节流装置的安装位置。

【任务分析】

本任务主要通过节流装置的学习，知道节流装置的作用，能认识典型节流装置——膨胀阀和毛细管的结构和安装位置。会区分内、外平衡式热力膨胀阀的工作原理及其区别。

实施任务时要特别注意安全要求和规范，一般以学习小组为单位实施。

【任务准备】

一、节流装置

（一）节流装置的定义

在制冷系统中，能够按一定需要向蒸发器中供应液体制冷剂的设备，总称为流量控制设备。

（二）节流装置的种类

车辆空调常用的节流设备有膨胀阀和毛细管。膨胀阀有几种：手动膨胀阀、热点膨胀阀、热力膨胀阀、电子膨胀阀等。

热力膨胀阀也称自动膨胀阀，属于温度型自动膨胀阀，是一种能自动调节供液量的节流降压元件，属于制冷系统的重要自控元件，在干式蒸发器的供液中最常使用。

利用感温包的温度变化作为信号，调节阀开度，改变制冷剂流量。同时使中温高压的制冷剂节流降压成为低温低压的湿蒸气，然后制冷剂在蒸发器中吸收热量达到制冷效果。它以调节液量与负荷相匹配为目的，使供入的液量到蒸发器出口处能够恰好全部蒸发掉。

二、热力膨胀阀

热力膨胀阀按平衡方式的不同，可分为内平衡式和外平衡式两种。

1. 内平衡式热力膨胀阀

内平衡式热力膨胀阀是由感温包、毛细管、膜片、顶杆、阀座、阀针及调节机构等组成的膨胀阀接在蒸发器的进口管上。内平衡式热力膨胀阀结构及原理如图 2-6-1 所示。

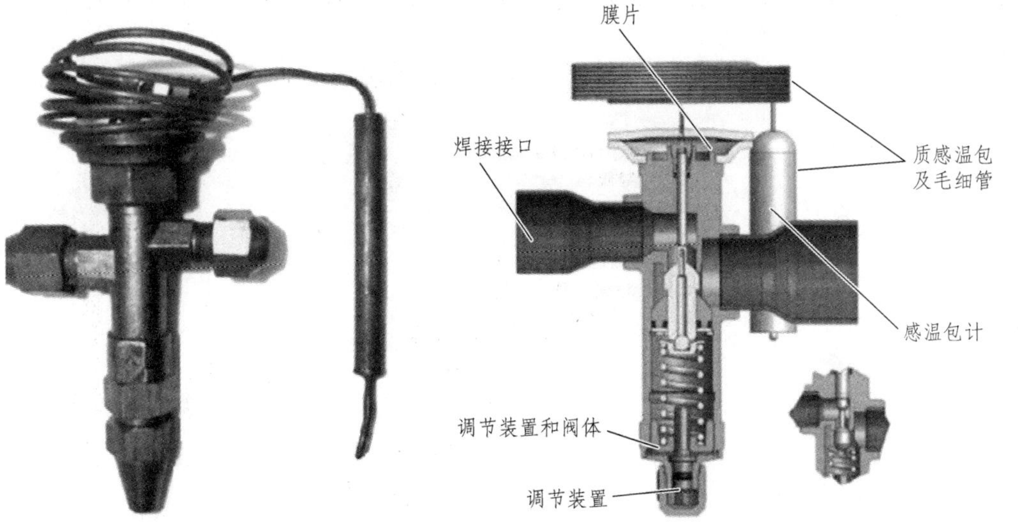

图 2-6-1 热力膨胀阀结构

感温包感受制冷剂离开蒸发器时的温度，与其温度相对应的饱和压力 P_1 经毛细管传至膨胀阀上部的膜片上，使膜片有一向下的推力 $F_1=P_1 \cdot A$（A 为膜片受压面积），作用方向使阀门向开启方向移动。膜片下面所承受的力有两个：一是经过阀门节流后制冷剂的压力 $F_0=P_0 \cdot A$；另一个是弹簧力 F_2。这两个力的作用方向是使阀门朝关闭方向移动。

热力膨胀阀对蒸发器负荷的变动，是通过感温包和蒸发器内的压力不断地传递。利用 F_1 力的变化来改变针孔的开启度，从而改变制冷剂的流量，实现自动调节。表 2-6-1 为膜片受力分析表。

表 2-6-1 膜片受力分析表

研究对象	状　态	受　力	运　动	供液量
膜片	平衡	$F_1=F_0+F_2$	阀芯不动	开口不变
	不平衡	$F_1>F_0+F_2$	膜片凸起向下，推动阀芯向下运动	开口变大 供液量增加
		$F_1<F_0+F_2$	膜片弯曲向上，带动阀芯向上运动	开口变小 供液量减少

2. 外平衡式热力膨胀阀

当蒸发器盘管较长，制冷剂在盘管中流动阻力引起的压力降较大时，蒸发器的进口和出口将有较大的压力差，如仍采用内平衡式膨胀阀（见图 2-6-2），将增加阀门的关闭过热度，导致热力膨胀阀供液量不足，这时就应采用外平衡式热力膨胀阀，其结构如图 2-6-3 所示。

外平衡式热力膨胀阀的结构与内平衡式基本相同，只是它的膜片下方不与供入蒸发器的制冷剂接触，而是设有一个空腔，用平衡管与蒸发器出口连接，所以膜片下面承受的力不是蒸发器蒸发进口的压力，而是出口压力。其调节特性就不受盘管中由于流动阻力所引起的压力差的影响。所以蒸发器冷却盘管较长，阻力损失较大时，应采用外平衡式热力膨胀阀。

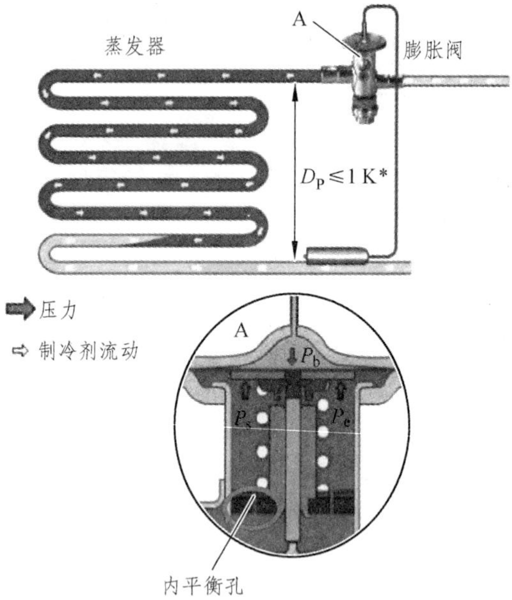

图 2-6-2　内平衡热力膨胀阀

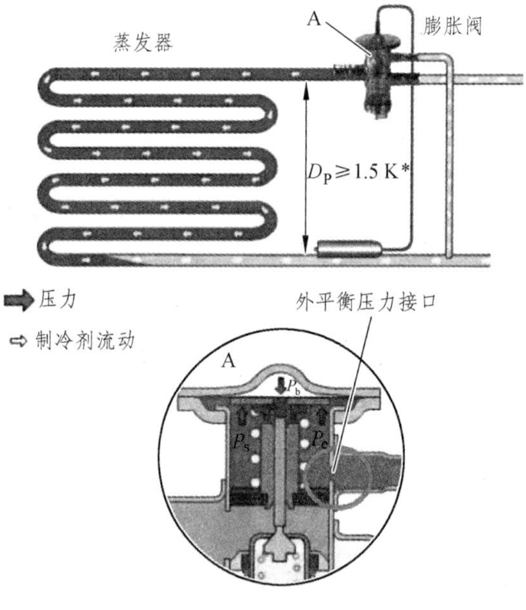

图 2-6-3　外平衡热力膨胀阀

感温包一定要安装在蒸发器出口的水平管道上，根据回气管道直径按说明书安装在正确位置，绝对不能安装在垂直管道和回油弯上。在安装蒸发器时，一定要考虑到给感温包留一段水平回气管道安装位置，如图 2-6-4 所示。

二、电子膨胀阀

电子膨胀阀（见图 2-6-5）按计算机预设的程序进行流量控制，可以适应机电一体化的要求，具有传统热力膨胀法无法比拟的优点（见表 2-6-2）。电子膨胀阀按照驱动方式分为热动式、磁式、电动式。

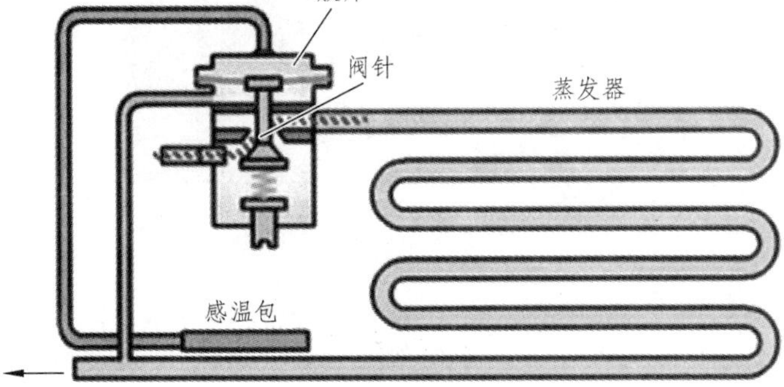

图 2-6-4　感温包安装位置

图 2-6-5　电子膨胀阀

表 2-6-2　特点对比

热力膨胀阀	电子膨胀阀
① 信号的反馈有较大滞后； ② 控制精度较低； ③ 调节范围有限	① 克服了热力膨胀阀的上述缺点； ② 为制冷装置的智能化提供了条件

三、毛细管

1. 结　构

毛细管是一根有规定长度的小孔径管子，它没有运动部件，在制冷系统中可产生预定的压力降，一般用作电冰箱、空调机和小型冷库的节流元件（一般在毛细管入口会加一个过滤器，以防毛细管堵塞），如图 2-6-6 所示。

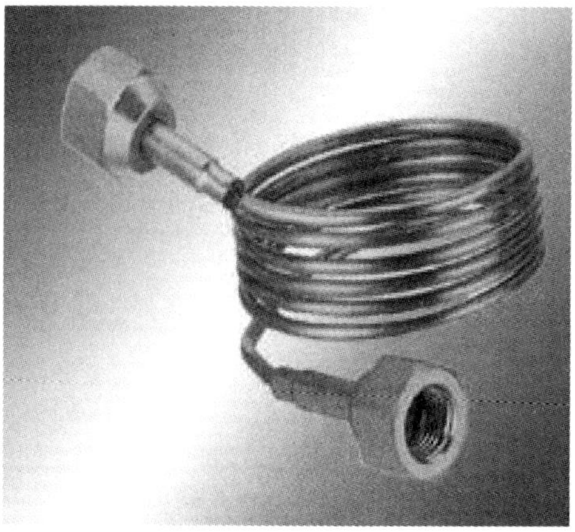

图 2-6-6　毛细管

2. 工作原理

毛细管依靠其流动阻力沿长度方向产生的压力降，来控制制冷剂的流量和维持冷凝器和蒸发器的压差。

3. 参　数

目前使用的毛细管为内径是 0.6 ~ 2.5 mm 的紫铜管，管长一般根据制冷系统的需要而定，一般长度为 0.5 ~ 2.0 m，在客车单元式空调机组中多用毛细管作为节流装置。

毛细管的通径和长度，直接关系到制冷效果的好坏。在压缩机的功率、蒸发器和冷凝器传热面积不变的情况下，毛细管的通径越小，长度越长，制冷剂通过的流量就越少，压力也越低；毛细管的通径越大，长度越短，制冷剂通过的流量就越多，压力也越高。即：当流体沿管内流动时，由于管道摩擦阻力而产生压降，管径越小、管子越长，则流动阻力就越大，产生的压降也越大。

4. 尺寸对制冷效果的影响

制冷系统所用的毛细管通径过小或长度过长，毛细管终端的压力和温度就越低，相应的蒸发压力和温度也越低。但由于进入蒸发器流量的减少，压力的降低，造成蒸发速度减慢，单位容积（时间）制冷量降低，影响制冷效果。

相反，如果制冷系统所用的毛细管通径过大或长度过短，毛细管终端的压力和温度就越高，相应的蒸发压力和温度也越高，进入蒸发器的流量和压力都加大，虽然蒸发速度和单位容积（时间）制冷量提高了，但制冷蒸发温度高，效果同样不佳。

5. 特　点

（1）毛细管作节流装置的特点：毛细管由紫铜管拉制而成，结构简单，制造方便，价格低廉。

（2）没有运动部件，本身不易产生故障和泄漏。

（3）调节性能差，供液量不能随工况变动而调节，所以一般用于蒸发温度变化范围不大、负荷比较稳定的场合。且通常在系统中配有气液分离器，以防止压缩机湿冲程，而不配有储液器。

6. 使　用

采用毛细管节流的制冷装置，制冷剂充注量要很准确，否则会影响制冷装置的正常工作。毛细管长度和管径的选择原则是尽量保持毛细管的流量和压缩机的流量相等，使压缩机在稳定的工况下运行。

毛细管可以用一根，也可以几根并联，当用几根并联时要配分液器，且应仔细调整，使几根毛细管的工作情况大致相同（可由结霜情况来判断）；同时在毛细管前应设过滤器，以防毛细管脏堵。

【任务实施】

（一）认知节流装置

（1）能说出热力膨胀阀的结构、安装位置。
（2）会正确区分内平衡和外平衡式热力膨胀阀的结构区别和对制冷的影响。

（二）认知毛细管

（1）认识毛细管，结合尺寸理解毛细管的特点。
（2）知道毛细管的常见故障。

【任务评价】

本任务评价见表 2-6-3。

表 2-6-3　评价表

评价内容		评价标准	分值	学生互评	教师评价
理论评价	能说出热力膨胀阀的结构、安装位置	是否结合实物正确说出热力膨胀阀的结构、安装位置	20 分		
	会正确区分内平衡和外平衡式热力膨胀阀的结构区别和对制冷的影响	能否正确区分内平衡和外平衡式热力膨胀阀的结构区别和对制冷效果的影响	20 分		
	认识毛细管，结合尺寸理解毛细管的特点	能否结合实物识别毛细管，说出其参数范围、特点	20 分		
技能评价	说出毛细管的常见故障	能否正确说出毛细管的常见故障	20 分		
情感评价	学习态度	（1）是否能积极思考，回答问题，与教师进行互动； （2）是否有充分的课前准备，完成课前预习及小考	5 分		

续表

评价内容		评价标准	分值	学生互评	教师评价
情感评价	分析问题	思路清晰、逻辑严谨	5分		
	团队协作	是否具有团队协作精神（在任务中请教他人或是帮助他人）	5分		
学习体会	课后思考	是否有知识、技能、思政收获	5分		
总分			100分		
学习体会					

【课后练习】

（1）讨论分析毛细管相对于热力膨胀阀有哪些优缺点。

（2）根据毛细管的结构和参数，试讨论分析它可能发生的故障。

任务七　认知其他辅助设备

【任务目标】

通过对制冷系统辅助设备的认知和学习，能够说出辅助部件有哪些，各辅助部件的作用，可以准确识别出各辅助部件在制冷系统中的位置，并掌握各辅助设备的基本结构。

【任务分析】

本任务主要通过认知学习，掌握制冷系统辅助部件，并能准确识别出各辅助部件在制冷系统中的位置和作用。

实施任务时要特别注意安全要求和规范，一般以学习小组为单位实施。

【任务准备】

在实际的制冷系统中，为改善制冷装置的工作条件，提高运行的经济性和安全可靠性，除了四大核心元件，还必须安装一些辅助设备，如储液器、气液分离器、干燥过滤器等。这些设备对改善空调制冷系统的性能有不可忽视的作用。图 2-7-1 为一个完整的制冷系统部件图，不同系统可能会有一些差异。

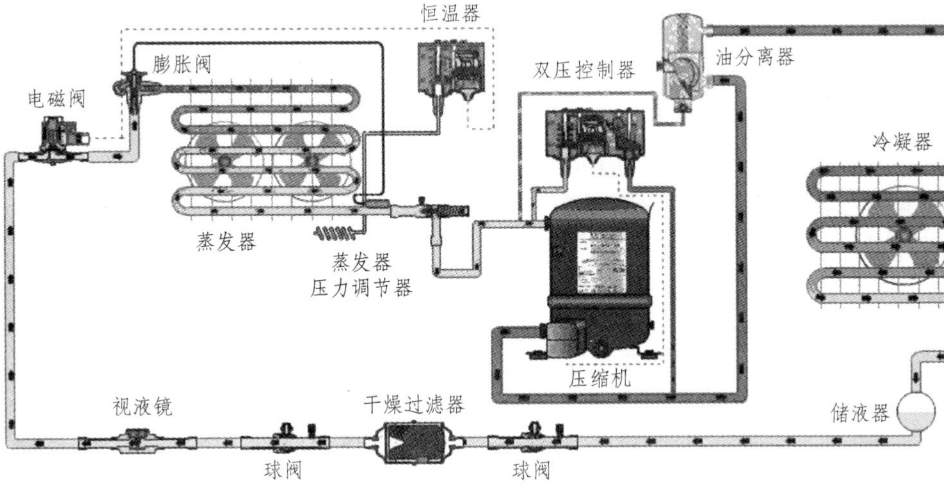

图 2-7-1　完整制冷系统部件图

一、干燥过滤器

干燥过滤器（见图 2-7-2）是制冷剂管路的一个最常用配件，它主要用来清理系统中的有害物质，从而保护膨胀阀和压缩机等重要部件。

最容易堵塞的部位是毛细管（或者膨胀阀），所以干燥过滤器安装在冷凝器与毛细管（或者膨胀阀）之间。靠近冷凝器的出口处，其滤芯是 100%分子筛，可除去制冷剂中的水分和杂质，防止水和杂质对系统及部件造成损害。

干燥过滤器是制冷系统的净化设备。其作用是消除制冷剂中的水分和机械杂质。

干燥过滤器主要由壳体，滤网，干燥剂，进、出液管接头等组成。

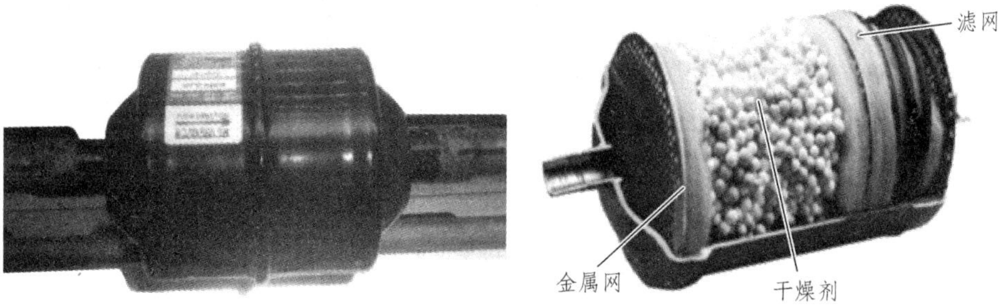

图 2-7-2　干燥过滤器

在制冷剂系统中，会有许多有害物质通过各种途径进入管路中，常见的有以下几种：

（1）生产或维修过程：这时制冷剂系统都会对外界开放，无论时间长短，都会有水汽、灰尘进入系统管路中，在焊接过程中如果没有通氮气保护，还有可能产生铜氧气膜，甚至是焊渣。

（2）充注制冷剂或冷冻油：如果这些东西本身有许多固体杂质和水分，都会带到系统里面并腐蚀系统中的金属部分。

（3）在制冷系统运行中：在运行中，制冷剂中含水分时会水解生成酸性物质，对金属产生腐蚀。制冷剂和润滑油的混合物能够溶解铜，并会带到压缩机，在其金属表面上形成铜膜，从而影响压缩机工作。

（4）冷冻油：温度低到一定程度时冷冻油会析出石蜡膜，而且对于环保制冷剂使用的 POE 油（聚酯油），吸湿性比较强，因此更容易水解出酸性物质。

以上物质的存在会严重威胁或破坏系统中的运动部件及气缸和制冷系统的性能，所以都要及时清除。

在早期使用的 R22 中小型制冷剂系统中，只使用一个简单的过滤器，以防止堵塞毛细管。

后来因为新冷媒如 R134a、R407c 的应用，对水分限制的要求高了，就普遍使用分子筛吸附水分，对于如冰箱一类的小系统，一般只用铜管里加滤网和分子筛来干燥过滤系统。

二、气液分离器

为了防止液态制冷剂进入压缩机引起液击，需安装气液分离器，如图 2-7-3 所示。

作用：用来分离蒸发器出口的气态制冷剂和液态制冷剂，从而保证压缩机为干压缩。对于毛细管节流的制冷装置，由于制冷剂流量不能自动调节，当负荷减少时，蒸发器中制冷剂就有可能不能完全蒸发。如果压缩机吸入了带有液滴的制冷剂蒸气，就有可能产生液击，使压缩机受损。

应用：安装于蒸发器与压缩机吸气口之间，使蒸发后的制冷剂气液分离，以免液体回流到压缩机，并且防止压缩机启动瞬间或外部空气温度剧烈变化时产生大量回液而损坏。

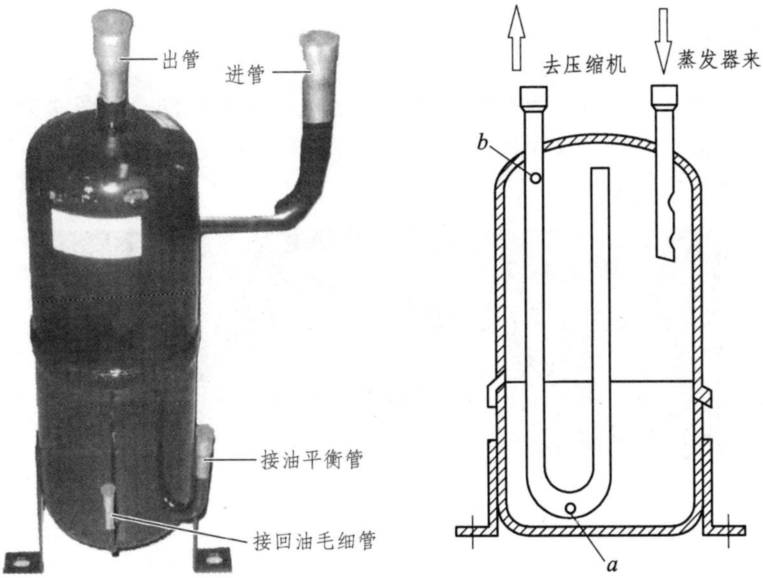

图 2-7-3　气液分离器

工作原理：气液混合流体经气液进口进入分离器进行基本相分离，气体进入气体通道进行重力沉降分离出液滴，液体进入液体空间分离出气泡和固体杂质，气体在离开分离器之前经捕雾器除去小液滴后从出气口流出，液体从出液口流出。

三、油分离器

油分离器工作的基本原理如下：

（1）利用油的重度与制冷剂气体重度的不同，进行沉降分离。

（2）利用扩大通道截面降低气体流速（一般为 0.8～1 m/s），使轻与重的物质易分离。

（3）迫使气体流动方向改变，使重的油与轻的气进行分离。

（4）气体流动撞击器壁，由于黏度不同、质量不同产生的反向速度也不同，促使油沉降分离。

四、储液器

在高压条件下，压缩后的制冷剂蒸气在冷凝器中凝结为液体制冷剂。离开冷凝器后，液体流经储液器。

储液器主要有两个功能：

（1）储液器对负荷变化造成的冷凝器液位变化进行补偿。

膨胀阀打开/关闭时，冷凝器的液位会发生改变，若储液器中没“额外”的制冷剂，膨胀阀前端的液体量就可能不足，致使膨胀阀无法正常工作，造成整个系统变得不稳定。

（2）储液器还作为一个额外的容器，帮助液态制冷剂与气态制冷剂蒸气分离，确保离开储液器的是纯液态制冷剂。

五、单向阀

单向阀：允许制冷剂单向流动，防止流体倒流，又称逆止阀，如图 2-7-4 所示。单向阀分为球形阀和针形阀，如图 2-7-5 和图 2-7-6 所示。单向阀安装在压缩机和冷凝器之间，当压缩机关机时，防止冷凝剂流回压缩机。

图 2-7-4　逆止阀

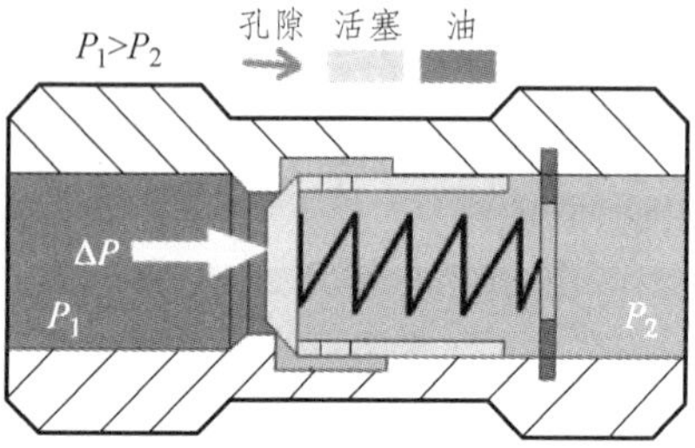

图 2-7-5　针形阀

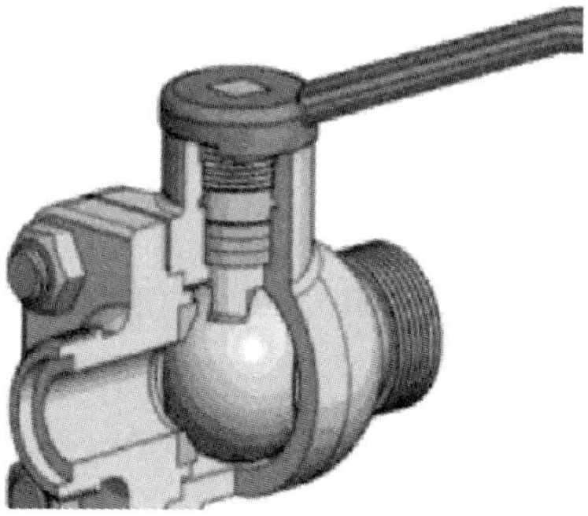

图 2-7-6　球形阀

六、温度传感器

温度传感器目前采用较多，主要通过检测新风、回风和供风的温度，监控乘客车厢内的制冷需求，如图 2-7-7 所示。空调控制器将根据温度信号选择适当的运行模式。国内城轨车辆空调主要采用电阻式温度传感器。

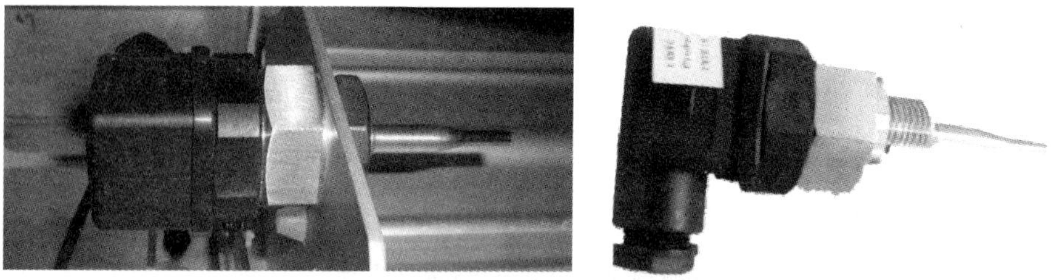

图 2-7-7　温度传感器

电阻式温度传感器：一种物质材料制成的电阻，它会随温度的上升而改变电阻值，如果它随温度的上升而电阻值也跟着上升就称为正电阻系数，如果它随温度的上升而电阻值反而下降就称为负电阻系数。大部分电阻式温度传感器是以金属材料制成的，其中以铂

（Pt）制成的电阻式温度检测器最为稳定，且耐酸碱，具有相当好的线性等特性，工业采用较多。

七、阀　件

每台空调机组用的阀主要包括压缩机高压出口和低压进口截断阀、制冷管路上的电磁阀和电动阀。

压缩机高压出口和低压进口截断阀是为了更换压缩机时，只需拧下压缩机进口和出口处的截断阀，就能对压缩机进行更换，以便于压缩机的更换工作，在制冷系统需要检修和分解时起到接通和切断制冷剂通路的作用。

电磁阀用于自动接通和切断制冷回路，它是由 110 V 电源来控制电磁阀的启闭，电磁阀的开启是依靠线圈通电产生的电磁力，并依靠弹簧和阀芯的自重来关闭。电磁阀装在膨胀阀之前的管路上。

液路电磁阀的作用：与压缩机联动，当压缩机启动时，电磁阀打开制冷管路；当压缩机停机后，关闭冷凝器和蒸发器之间的管路，防止冷凝器中的液体迁移到蒸发器后到达压缩机中，造成压缩机启动时液击和润滑不好的情况出现。液路电磁阀的进出口均为铜接口，如图 2-7-8 所示。

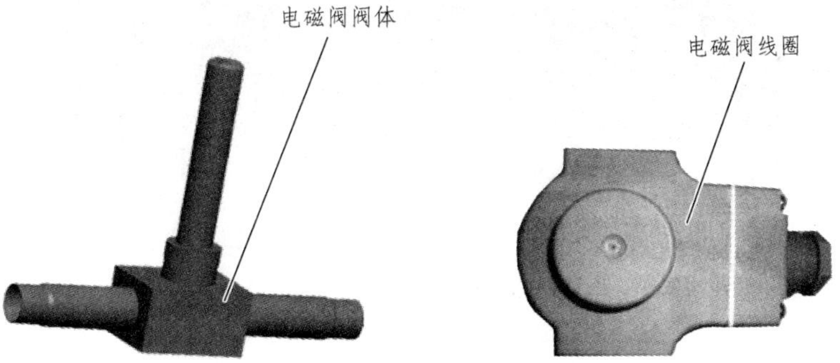

图 2-7-8　液路电磁阀

八、高压开关、低压开关

高压开关、低压开关是系统压力发生异常时，切断电路以保护压缩机，如图 2-7-9 所示。

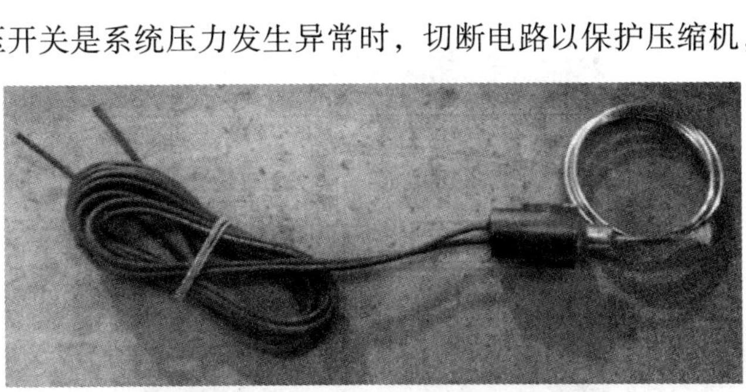

图 2-7-9　压力开关

1. 高压开关

高压开关位于排气管路近压缩机排气口处，用于检测压缩机的排气压力，防止压力过高，保护压缩机。当制冷系统的压力异常高时，高压开关动作，停止压缩机的运转，保护制冷系统。高压开关的复位方式为自动复位。

2. 低压开关

低压开关位于回气管路近压缩机回气口处，用于检测回气压力，防止压力过低，保护压缩机。当制冷系统的压力异常低时，低压开关动作，停止压缩机的运转，保护制冷系统。低压开关的复位方式为自动复位。

九、回风风阀

回风风阀由电气伺服电机驱动，安装在回风入口内，如图 2-7-10 所示。紧急通风运行时回风阀关闭，机组正常操作时风阀保持打开状态。

图 2-7-10　回风风阀

十、新风风阀

新风风阀位于蒸发腔侧板上，左右新风入口处各一个，如图 2-7-11 所示。在空调机组预冷模式下，新风风阀为关闭状态，机组正常操作时风阀保持打开状态；根据车内乘客负载信号可控制在 1/3、2/3、3/3 开度状态。

图 2-7-11　新风风阀

十一、充注阀

充注阀是一种带气门芯的单向检修用阀，旋开阀帽可接压力表或充注设备接头等，如图 2-7-12 所示。

图 2-7-12　充注阀

十二、视液镜（流量/湿度指示器）

视液镜用来显示系统运行时制冷剂量和流动情况，而视镜中心部位的圆芯则用来指示制冷剂的含水量，如图 2-7-13 所示。当圆芯纸遇到不同含水量的制冷剂时，其水化合物能显示不同的颜色，从而根据纸芯的颜色来判断含水的程度。纸芯的颜色变化可显示出制冷剂的含水量情况：正常、警示、超标，当纸芯的颜色为绿色时表明正常，当纸芯颜色开始偏黄时说明系统中制冷剂的含水量已到了需加强跟踪的警示位置，一旦纸芯颜色变化，必须尽快更换干燥过滤器。

视液镜安装在干燥过滤器出口液管段，通过视液镜指示器的颜色和外部法兰所贴标签上的参照色进行比较，可显示出系统中水分的含量。

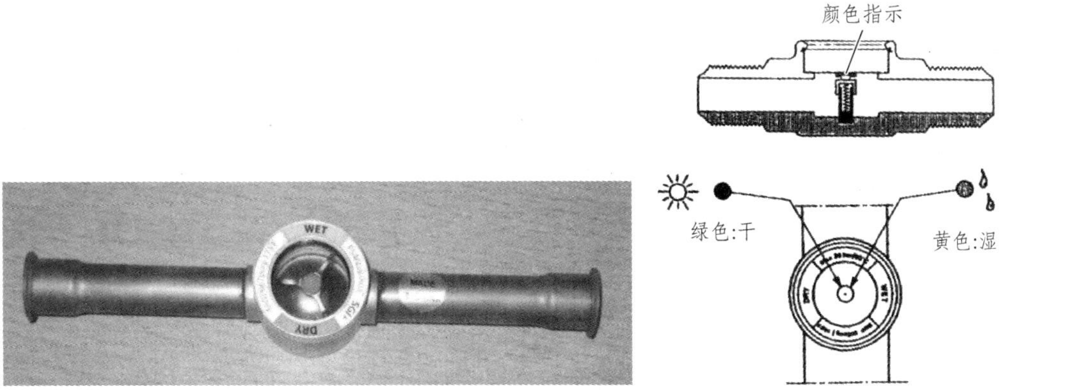

图 2-7-13　视液镜

十三、空气净化器

空气净化器安装在空调机组的回风口上方，利用深频紫外光与空气中的水分子和氧分子反应，释放大量的光等离子团，如图 2-7-14 所示。这些光等离子体可杀灭空气中及物体表面的细菌、病毒等微生物，同时降解空气中的有害化合物。

图 2-7-14　空气净化器

【任务实施】

（一）认知辅助元件

（1）列举辅助元件，并说出其名称。
（2）知道辅助元件的作用。
（3）指出起压力保护作用的辅助元件。

（二）辅助元件的安装位置

结合机组实物，找到各辅助元件的安装位置。

【任务评价】

本任务评价见表 2-7-1。

表 2-7-1　评价表

评价内容		评价标准	分值	学生互评	教师评价
理论评价	列举识别辅助元件，并说出其名称	是否能列举所有辅助元件，并说出其名称	20 分		
	知道辅助元件的作用	能否准确描述辅助元件的作用	20 分		
技能评价	指出起压力保护作用的辅助元件	能否正确指出起压力保护作用的辅助元件	20 分		
	结合机组实物找到各辅助元件的安装位置	结合机组实物，能否现场找到各辅助元件的安装位置	20 分		
情感评价	学习态度	（1）是否能积极思考，回答问题，与教师进行互动； （2）是否有充分的课前准备，完成课前预习及小考	5 分		

续表

评价内容		评价标准	分值	学生互评	教师评价
情感评价	分析问题	思路清晰、逻辑严谨，并具有安全意识	5分		
	团队协作	是否具有团队协作精神（在任务中请教他人或是帮助他人）	5分		
学习体会	课后思考	是否有知识、技能、思政收获	5分		
总　分			100分		
学习体会					

【课后练习】

（1）列举5种辅助元件，并说出其在系统中的作用。

（2）简述视液镜的安装位置和理由。

项目三 城轨车辆通风系统

【项目描述】

城市轨道交通车辆通风系统是车辆空调的重要组成部分，担负着客室内供风的重要任务。而且通风系统是空调装置中唯一不分季节而长期运转的系统，因此它的质量状态直接影响到旅客的舒适性和空调装置的经济性和安全性。本项目详细介绍了通风系统的组成、功能。通过本项目的学习，学生可以对城市轨道交通车辆空调通风系统有一个系统认识。同时，结合实践对制冷系统的维护、故障处理进行了拓展。

【学习目标】

本项目学习目标如表 3-0-1 所示。

表 3-0-1　学习目标表

目标类型	目标要求
知识目标	（1）掌握城轨车辆通风系统的重要性； （2）掌握城轨车辆空调通风系统的组成； （3）掌握城轨车辆空调通风系统的核心部件； （4）了解城轨车辆空调紧急通风的工作状态
技能目标	（1）能说出城轨车辆通风系统的重要性； （2）能绘制城轨车辆空调通风循环图； （3）会识别城轨车辆空调通风系统各部件的名称及作用； （4）掌握城轨车辆通风系统的维护方法； （5）了解城轨车辆通风系统常见故障原因
情感目标	（1）能进行团队协作； （2）积极参与学习过程，遵守秩序，服从安排； （3）养成安全意识，思想素质提高； （4）拥有认真自我总结与反思的意识

【学习准备】

（1）教学场地：在网络教室及车辆空调实训室中进行一体化教学，课中可实地参观。

（2）设备要求：具有能连接互联网的多媒体教室，要有能播放视频和投影的设备。

（3）准备笔记本、签字笔等学习用具。

（4）利用网络查询城市轨道交通车辆空调维护与检修相关信息。
（5）着工作服、运动鞋进入实训场地。

任务一 认知城轨车辆通风系统

【任务目标】

通过对通风系统及其设备的认知和学习，能够说出通风系统的作用。通过实践认知通风系统的结构布置和工作循环过程，掌握通风系统的组成，并能指出核心部件有哪些，说出各个部件的作用，同时可以准确识别出各部件在制冷系统中的安装位置，掌握核心设备的基本结构和工作原理。

【任务分析】

本任务主要通过对通风系统及其设备的认知学习，掌握通风系统的作用，说出通风系统的组成，并能结合实物准确完整地描述出通风系统的结构布置和工作循环过程。

实施任务时要特别注意安全要求和规范，一般以学习小组为单位实施。

【任务准备】

一、通风系统的作用

按照卫生标准和要求，每人必须有 10 m^3/h 的新鲜空气量，即新风量的要求。

参考我国现行“国标”及“铁标”的车辆客室内新鲜空气量要求，按照季节不同，夏季为 20 ~ 25 m^3/（h·人）、冬季为 15 ~ 20 m^3/（h·人）新风量的要求。因此客车必须配备通风系统。

通风，包括从车辆内部排出污浊空气和向车辆内部补充新鲜空气。前者称为排风，后者称为送风。为实现排风和送风，所采用的一系列设备装置总称为通风系统。

通风系统按通风工作原理不同可分为自然通风和机械通风两类，按照系统作用的范围大小可以分为全面通风和局部通风两类。

通风系统的作用是将经过处理的空气输送和分配到客室并获得合理的气流组织，同时还将室内污浊的空气排出室外，使室内的空气参数满足设计的要求。通风系统要完成五项工作，如图 3-1-1 所示。

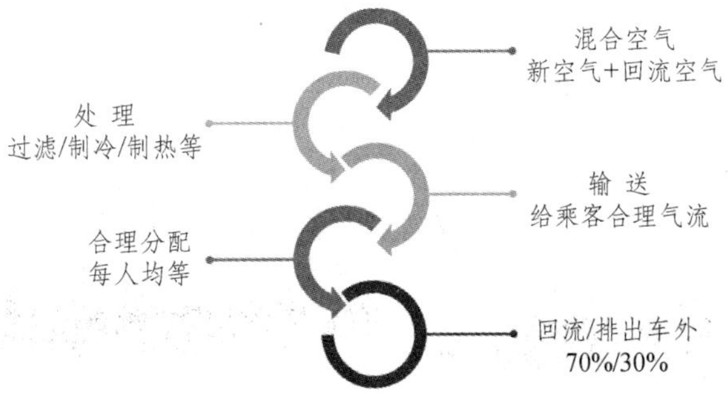

图 3-1-1 通风系统的作用

二、通风系统的组成

1. 通风系统的组成

通风系统一般由通风机组、空气净化设备、风口、风道等组成，如图 3-1-2 所示。

四种风道：
- 新空气风道
- 送风风道（主风道）
- 回风风道
- 排风风道

四种风口：
- 新风口
- 送风口
- 排风口
- 回风口

- 通风机（动力）
- 空气净化设备

图 3-1-2　通风系统的组成

通风系统可分为送风装置、回风装置、排风装置和新风调节装置。

（1）送风装置：主要包括送风机、送风道和送风格栅，将处理好的空气均匀送入客室及司机室。

（2）回风装置：每台机组含回风装置，包括回风口和回风过滤网。

（3）排风装置：为保证客室内换气，车顶设有通风器及由废排风机组成的排风装置，每车 4 台。

（4）新风调节装置：空调机组应设有可自动调节的新风口和回风口，可保证从全开到全闭范围内调整新风量。回风口的气流调节装置可确保制冷和紧急通风功能的需要。

调节机构设置调节挡板，用于调节新风、回风的混合比例。新风阀与排气阀同步，根据车辆载客量的不同，可调节不同的开度，从而改变新风量。

（5）幅流风机。

另外，为提高客室内空气的气流速度及送风均匀性，客室车顶设有幅流风机。幅流风机扰动客室内空气，通过幅流格栅送风。

2. 司机室送风单元

城轨车辆司机室内一般不设单独的空调机组，而设立一个单独的送风单元，结构形式为单元式，安装在司机室顶板上；通过单独的风道从相邻空调送风道引入已冷却的空气并送入司机室内。

该送风单元主要包括通风机一台、设有风量和风向可调的送风口、可关闭的风量调节旋钮、电气控制部分。其内置的调速风机，可由司机根据实际需要进行手动控制。各零部件组装在一个不锈钢板制成的箱体内，如图 3-1-3 所示。

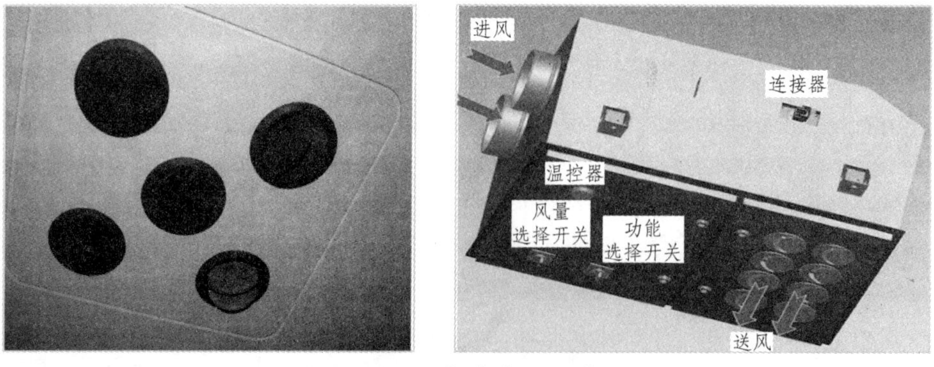

图 3-1-3　司机室内通风单元

司机室送风单元是用于司机室的增压换气设备，具有耐振动、抗冲击的特点，能适应地面及地下隧道等不同的运行环境，与车体之间通过安装座连接。

三、通风系统主要部件

1. 通风机

通风机是通风系统的动力装置，位于空调机组内部，它使空气在客室与空调机组间循环流动，给回风、送风提供动力。

2. 空气过滤器

设置空气过滤器，能降低空气的含尘量，过滤进入蒸发器翅片的空气，防止灰尘和其他固体颗粒进入并阻塞翅片，阻碍空气流动，降低制冷系统的制冷效果。

3. 软风道

软风道是负责连接空调机组出风口与车辆主风道的柔性风道（可变形）。

4. 主风道

主风道又称送风道，其作用是将经过处理后的空气输送到客室的输送通道。按风道截面沿长度方向是否变化，有变截面和等截面风道之分。车辆送风道采用均匀静压送风道，经送风格栅均匀送入客室及司机室，以保证出风口送风的均匀性。为保证车厢内送风的均匀性，空调机组下方也设置了送风风道，车厢内无送风死角，车内温度场更加均匀。

风道采用铝合金材料，外部用防寒棉以减小传热损失，内部粘贴阻燃吸音材料以降低噪声。保温材料及吸音材料均满足 DIN 5510 标准等级 3 的防火要求。为保证风速的均匀性，主风道采用均匀静压送风风道。

5. 送风口

送风口是用以分配空气的。送风口一般装有送风分配格栅或散流器，它的结构形式对射流的扩散及空间内气流流场的形成有直接影响，它可以对出风风量进行合理分配，使送风均匀、客室内气流分布合理、温度均匀。散流器还可以根据室内具体要求，调节送风量的大小。

6. 回风口和回风道

回风口和回风道是客室内空气进入空调机组进行循环处理的输送通道。

7. 排风装置

为了保证车内空气的品质，外界新鲜空气不断送入车内，车内的一部分（约 30%）空气将不再循环处理，而是经由排风装置排出车外。排风装置通常有自然通风器和机械强迫排风装置两种。如广州地铁一、二、三号线车辆采用自然通风装置，四号线车辆采用的是机械强迫排风装置。

8. 混合风滤网

空调机组蒸发器前安装混合风滤网（见图 3-1-4），来过滤来自客室内部和外部新风中的杂志和灰尘颗粒，保持蒸发器翅片的清洁；根据运行环境条件，建议混合风滤网两周清洗一次，清洗 4 ~ 5 次再更换（视具体情况而定）。

图 3-1-4　混合风滤网

9. 新风滤网

新风滤网用来阻止环境中的杂质和粗大的灰尘颗粒进入空调机组内部。新风滤网由不锈钢制成，具有良好的耐腐蚀性，并且新风滤网设置在机组外部，清洗和更换时不用打开机组即可完成，如图 3-1-5 所示。

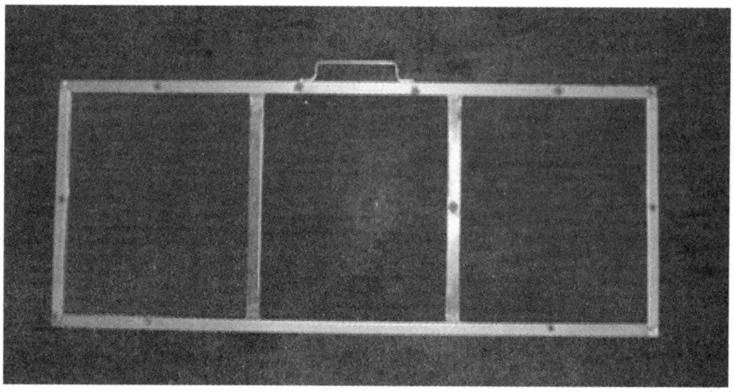

图 3-1-5　新风滤网

10. 雨水分离器

雨水分离器主要是阻止雨水和细小的灰尘颗粒进入空调机组内部。雨水分离器为铝合金材料，外部喷漆，具有良好的耐腐蚀性，并且设置在机组外部，方便清洗和维护，如图 3-1-6 所示。

图 3-1-6　雨水分离器

11. 空气净化器

每台空调机组共安装一台空气净化器，位于回风口上侧，通过空气的流动带动和加速光等离子的扩散，从而达到全面、彻底净化空气的目的，如图 3-1-7 所示。

图 3-1-7　空气净化器

四、通风系统布置

1. 气流组织

为了使客车车厢内空气的温度、湿度、流速等指标符合人体的舒适性要求，必须使车内空气合理地流动，通常把对车内空气“流动”和“分布”的控制称为气流组织。气流组织是通风的核心环节。

（1）影响气流组织的因素

影响气流组织的因素很多，如送风口和回风口的位置、形式、大小、数量，送风射流的参数（送风温差和送风速度），车内设施的布置和大小，以及各种热源分布状况等。

（2）气流组织设计的任务

通过合理选择送风口、回风口及排风口的数量和位置来组织车内空气的流动，使车厢内形成比较均匀而稳定的温度、湿度、气流速度和清洁度。

（3）气流组织的方式

气流组织按送、回风口的布置可分为上送下回、上送上回、下送上回及中送风等形式；按气流的组织方式又可分为混合式、置换式、单向流式和局部式 4 种形式等，如图 3-1-8 ~ 图 3-1-10 所示。

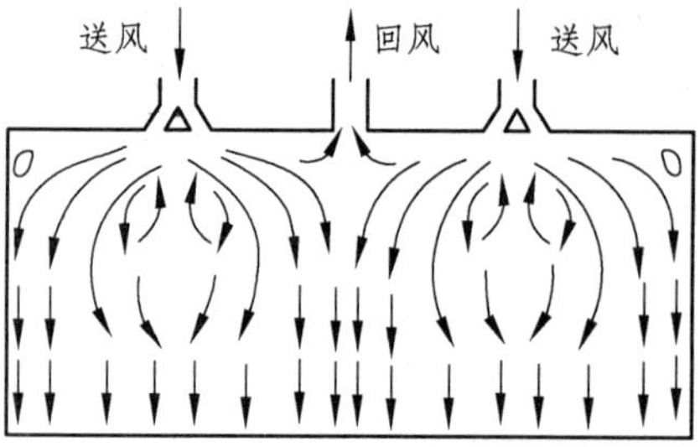

（a）散流器平送、顶棚回风

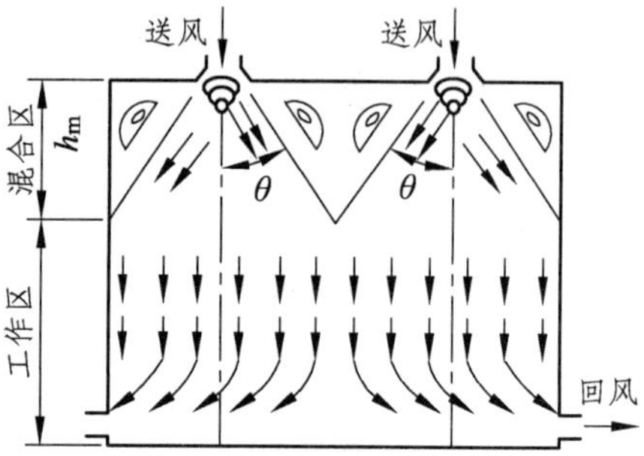

（b）散流器向下送风、下侧回风

图 3-1-8　顶送风的室内气流分布

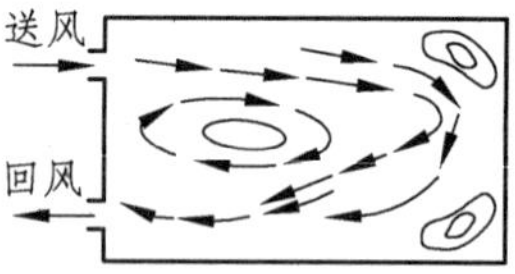

（a）上侧送、同侧下回

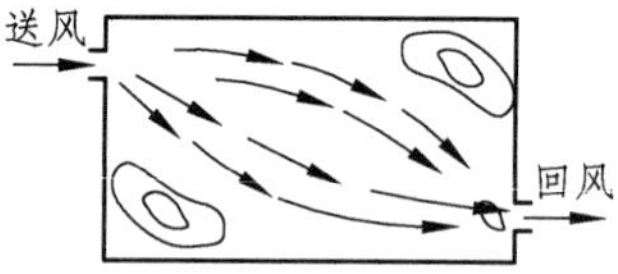

（b）上侧送、对侧下回

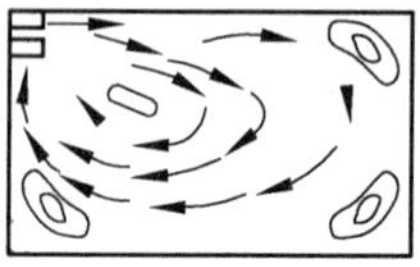

（c）上侧送、上侧回

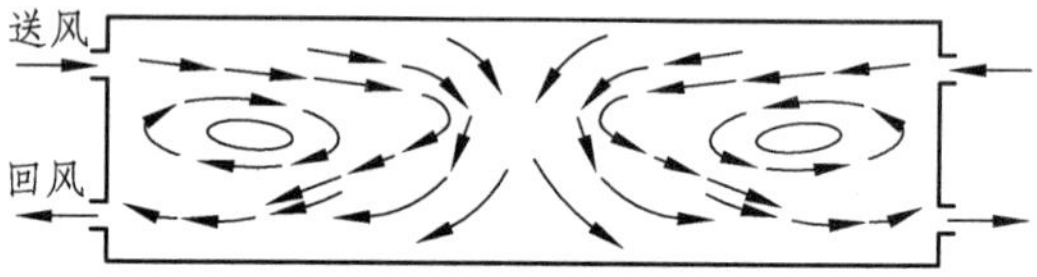

（d）双侧送、双侧下回

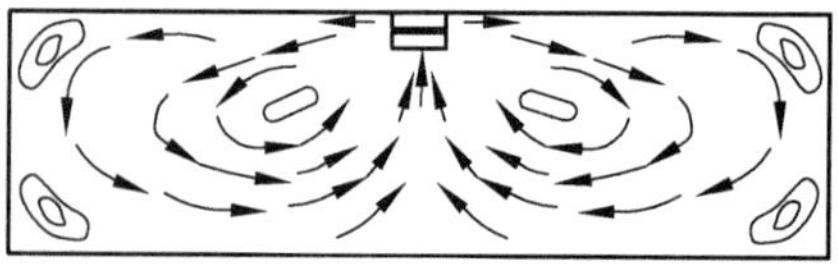

（e）上部两侧送、上回

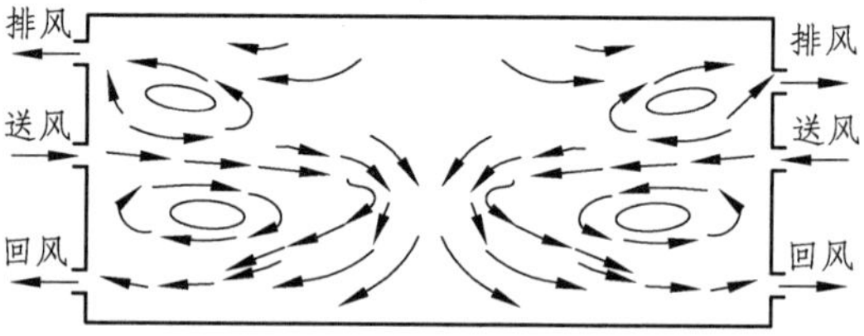

（f）中侧送、下回、上排

图 3-1-9　侧送风的室内气流分布

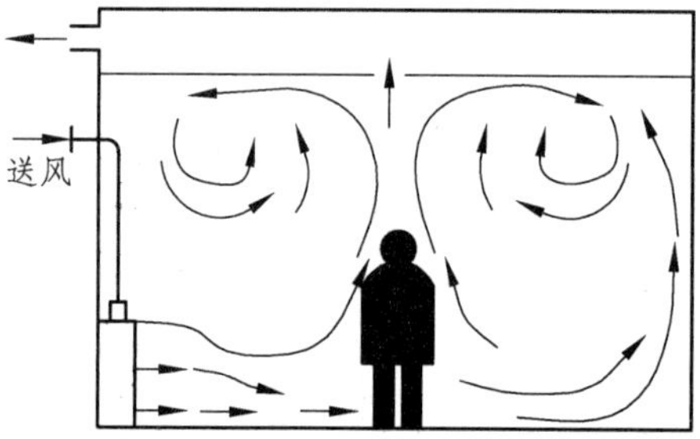

（a）下部低速侧送风

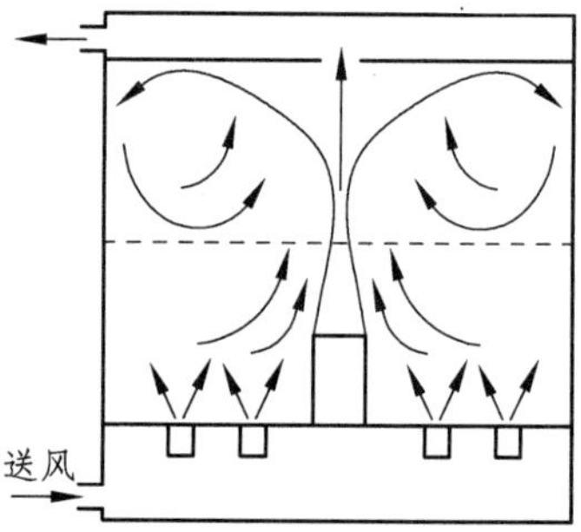

（b）地板送风

图 3-1-10　下部送风的室内气流分布

2. 通风系统布置

送风：在空调机组通风机的作用下，车外新风进入空调机组，与从车内吸入的回风混合过滤，经冷却后，通过风道和沿着车体长度方向布置的送风格栅均匀地送到客室各处。

回风：从客室吸入，经过回风道和空调机组底部的回风口进入空调机组，经处理后供循环使用。

排风：与新风量等量的车内空气从车体外墙板与内装侧顶板的缝隙进入客室内顶板上方空间，再通过车顶的废排装置排出车外。

城市轨道交通车辆一般采用下出风下回风或下出风侧回风的气流组织方式。

（1）下出风下回风

气流组织：气流由空调机组产生，通过车顶送风道经送风格栅向客室竖直向下送风，客室内原有空气从客室车顶中间回风道回流到空调机组，依次循环。如图 3-1-11 所示，空调机组采用下部送风、底部回风形式，新风口设在机组两侧。冷凝风进出口、新风口合理的布置使空调机组外部气流组织分配合理，避免了冷凝出风直接进入新风的短路情况。

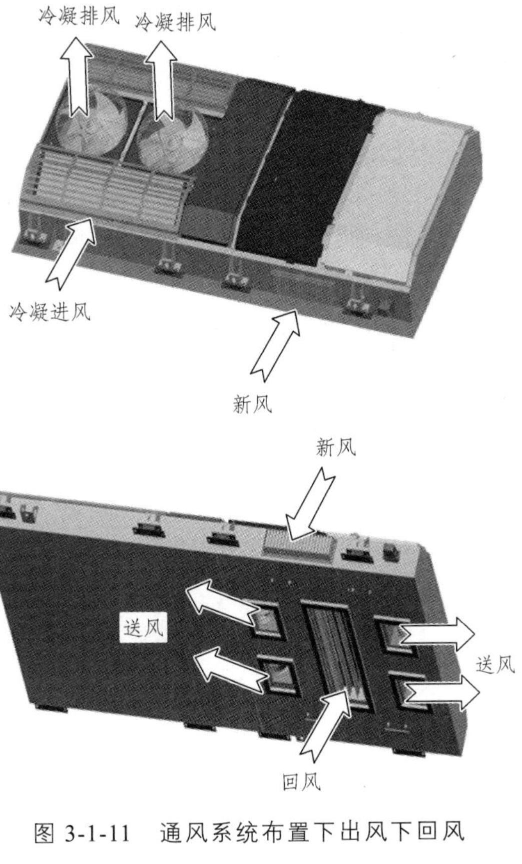

图 3-1-11　通风系统布置下出风下回风

（2）下出风侧回风

气流组织：气流由空调机组产生，通过车顶送风道经送风格栅向客室竖直向下送风，客室内原有空气从客室侧墙设置的回风口（通常会设置在客室座椅下方）经回风道回流到空调机组，依次循环，如图 3-1-12 所示。

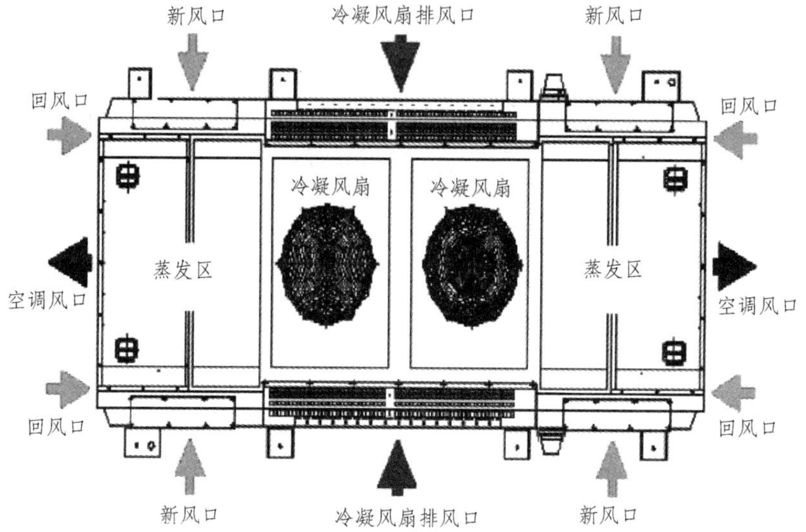

图 3-1-12　通风系统布置下出风侧回风

五、通风系统工作循环

整车空气处理循环过程示意如图 3-1-13 所示。各循环车外的新风通过新风口的挡水百叶窗和过滤网被吸入，并与部分来自客室的回风混合后被过滤，空气被过滤后进入蒸发器，空气经过蒸发器后被降温、去湿，通过机组的两台离心通风机吸入后，经空调机组和车厢之间的柔性软风道送入主风道内，然后沿车顶上的送风道、送风口均匀地被分配到整个车厢客室内，客室内的一部分空气从排废口排出车外，另一部分通过回风口成为回风，成为循环空气。如图 3-1-14 所示为整车空气处理循环过程布局。

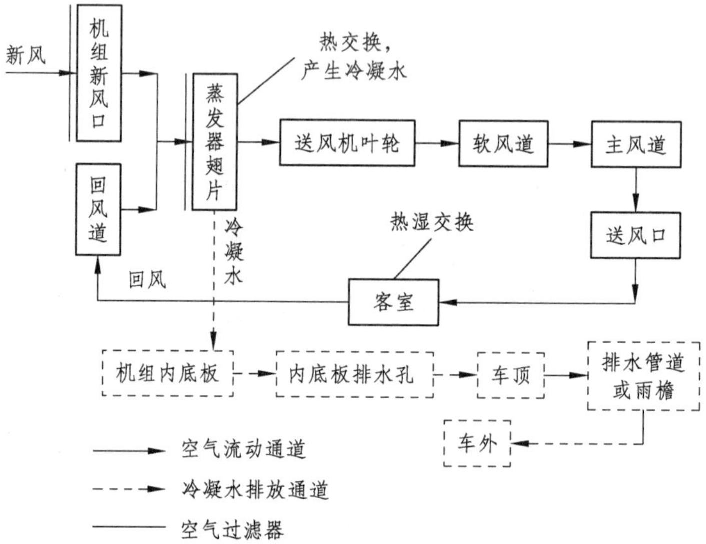

图 3-1-13　整车通风循环示意

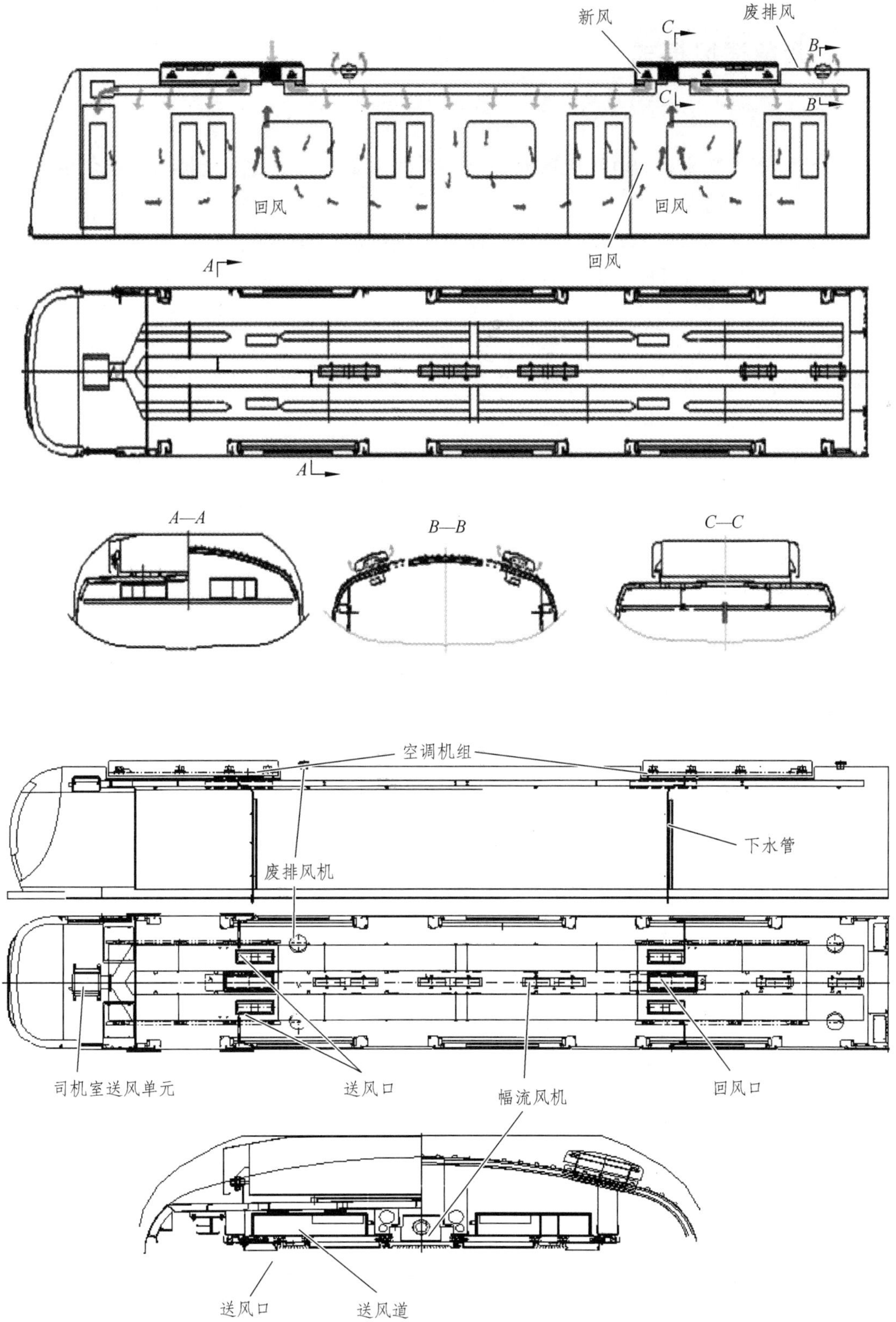

图 3-1-14　整车通风循环

六、紧急通风模式

1. 紧急通风

紧急通风指当交流动力电源失效时，空调系统由蓄电池通过逆变器给风机供电，进而向车内送入新风的过程。

其主要目的是保障旅客的生命安全，而不是提供舒适性环境；因此紧急通风对系统的基本要求是，能够在尽可能长的时间内向客室提供乘客所需的最小新风量。

2. 应急通风系统的特殊设备

除了供电方式不同之外，应急通风和常规通风在原理上没有根本性差别。

适合于空调风机使用的逆变电源是应急通风系统的关键设备。当列车外部交流回路失电时，该电源将直流电逆变成三相交流电，继续给通风机供电，使通风机继续工作，又称紧急逆变器。

每辆车装有紧急通风逆变器，在列车交流供电失效的情况下，能提供客室和司机室紧急通风（全新风状态）。

3. 紧急通风工作状态

此模式下空调机组新风风门全开、回风风门关闭，由 DC 110 V 蓄电池经紧急通风逆变器为客室空调机组通风机提供电源，此时空调机组通风机工作在降频降压工况下（频率和电压在通风应急逆变器上可调，暂定频率为 35 Hz，电压为 266 V），每节车的新风量为 $2540\times2\ m^3/h$，能保持应急通风 45 min。

当空调交流电源恢复正常后，空调和通风系统将自动恢复正常运行状态。

【任务实施】

（一）认知通风系统

（1）说出通风系统的作用。
（2）结合实物列举通风系统元件，并说出其名称。
（3）结合车辆通风循环，识别元件并找到安装位置，描述元件的作用。

（二）认知整车通风系统的工作循环示意图

能绘制整车通风系统的工作循环示意图。

【任务评价】

本任务评价见表 3-1-1。

表 3-1-1　评价表

评价内容		评价标准	分值	学生互评	教师评价
理论评价	说出通风系统的作用	能否准确描述通风系统的作用	20 分		
	结合实物列举通风系统元件，并说出其名称	是否能列举所有通风系统元件，并结合实物准确说出其名称	20 分		
技能评价	结合车辆通风循环，识别元件并找到安装位置，描述元件的作用	结合机组实物，能否现场找到各辅助元件的安装位置	20 分		
	能绘制整车通风系统的工作循环示意图	能否正确绘制	20 分		
情感评价	学习态度	（1）是否能积极思考，回答问题，与教师进行互动； （2）是否有充分的课前准备，完成课前预习及小考	5 分		
	分析问题	思路清晰、逻辑严谨，并具有安全意识	5 分		
	团队协作	是否具有团队协作精神（在任务中请教他人或是帮助他人）	5 分		
学习体会	课后思考	是否有知识、技能、思政收获	5 分		
总　分			100 分		
学习体会					

【课后练习】

（1）简述通风系统的作用。

（2）对比分析紧急通风状态和正常通风状态的区别。

任务二　认知通风机

【任务目标】

通过对通风系统核心部件——风机的认知和学习，能够说出通风机的作用，掌握常用通风机的种类和结构以及各种风机的特点等。

【任务分析】

本任务主要通过对通风机的认知学习，掌握风机在通风系统中的作用、结构和特点。实施任务时要特别注意安全要求和规范，一般以学习小组为单位实施。

【任务准备】

一、通风机的作用

通风机组是通风系统的动力装置。通风机有吸风和送风两种功能：一方面是吸入车外新风和室内回风，并将处理后的混合空气加压；另一方面是将经过蒸发器冷却、减湿后的空气通过通风机输送到客室的送风管道中，并被送到客室内，达到调节客室温度、湿度的目的。

二、常用通风机的种类

常用通风机的种类有：离心式通风机、轴流式通风机、贯流式通风机、幅流式通风机 4 种。通常送风采用离心式通风机，轴流式通风机多用作排风和冷凝风机。

（一）离心式风机

1. 结　构

离心式风机一般由叶轮、电动机、机壳、吸风口和出风口组成。叶轮的叶片形式有后弯叶形、前弯叶形和径向形三种。离心风机结构示意如图 3-2-1 所示，离心式风机叶片结构示意如图 3-2-2 所示。

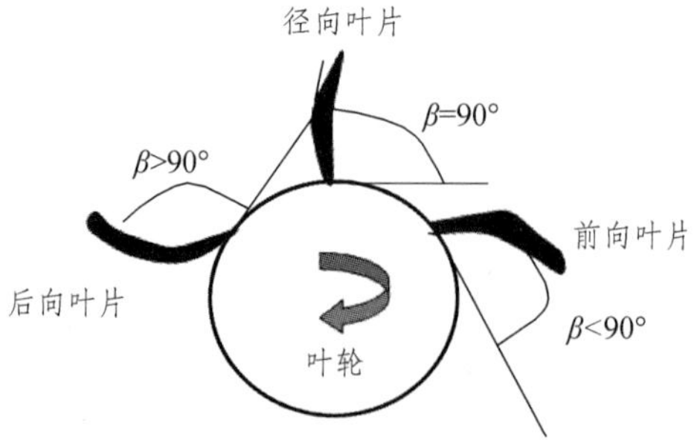

图 3-2-1　离心式风机叶片结构示意图

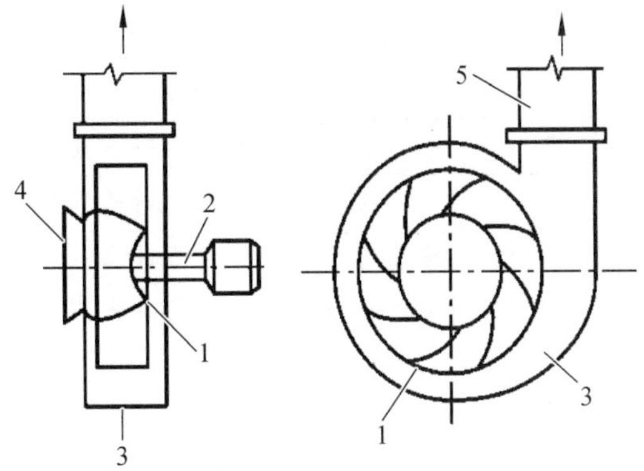

1—叶轮；2—电动机；3—机壳；4—吸风口；5—出风口。

图 3-2-2　离心式风机结构示意图

2. 工作原理

启动后，风机轴带动叶轮高速旋转，在离心力的作用下，空气从叶轮中心甩向外缘，空气在此过程中获得能量，使静压能和动能均有所提高。

3. 特　点

空气离开叶轮进入机壳后，由于机壳中流道逐渐加宽，空气流速逐渐降低，又将一部分动能转变为静压能，使风机出口处空气的静压能进一步提高，最后以高压沿切线方向排出。在适当的电机转速下，通风机可以获得较高的风量、风压，噪声适中。

4. 使　用

车辆空调设备中，送风机为多叶片离心风机，用于车内通风。电机使用的轴承为密封轴承。电机过电流保护由置于控制柜内的热继电器执行。

如南宁地铁一号线，蒸发风机采用双蜗壳离心风机（见图 3-2-3），风压高，噪声小；外壳采用不锈钢材质，耐腐蚀性能好；风机由底板固定螺栓固定，无须使用特殊工具，维护方便。

图 3-2-3　双蜗壳离心风机

5. 定期保养（见表 3-2-1）

表 3-2-1　定期保养

分　类	部件名称	周　期	检查方法及处理
风机	离心风机	1 次/年	（1）清扫风机，特别是附着在叶片内侧的灰尘，用软毛刷刷洗（请注意不要使叶片变形）。 （2）运转时，如发现有异常声音、振动时，请检查风机，如有以上故障，请更换风机
电气系统	电路	1 次/年	（1）绝缘电阻用 500 V 兆欧表检测，确认充电部和非充电部的绝缘电阻是否在 2 MΩ 以上，在 2 MΩ 以下时，请检查各部位的绝缘老化情况，并进行修理。 （2）确认接线端子及各紧固螺钉是否松弛

（二）轴流式风机

1. 组　成

轴流式风机主要由叶轮、机壳、电机等组成。叶轮由轮毂和铆在其上的叶片组成，叶片与轮极平面安装呈一定的角度。叶片的形式有机翼形扭曲叶片、厚板形扭曲叶片和直叶片等。

（1）叶片

轴流式风机的叶片常用钢板压制而成，有机翼形、板形等。大型轴流式风机的叶片安装是可以调整的，由此来改变风机的流量和风压。

（2）机壳

轴流式风机的机壳是由钢板焊接而成的筒体，前段为钟罩形吸入口，用来避免进风口风道突然缩小，以减少流动阻力；中间段为圆形风筒；后段为扩压段。带有叶轮轮载的电机机座安装在机壳的中间段，常用钢结构制成。

如图 3-2-4 所示为城轨车辆冷凝风机实物。冷凝风机和盖板设计成一体式，打开冷凝腔盖板后，整个风机及电机电气盒可以完全看到，方便维修；并且盖板打开以后，因为风机和盖板为一体，冷凝腔内空间变大，方便对其他部件进行维护和更换。

图 3-2-4　轴流式风机

2. 轴流式风机的工作原理

由于轴流式风机的叶片与机轴中心线有一定的螺旋角，当电机带动叶片在机壳内转动时，空气一边随叶轮转动，一边沿轴向推进；当空气被推出后，原来占有的位置形成局部低压，促使外面的空气由吸入口进入。空气通过叶轮压力增高后，从出口排出。由于气体在机壳中的流动始终沿轴向进行，所以称为轴流式风机。

3. 特　点

冷凝风机采用轴流式风机，风量大、噪声小、质量轻、耐腐蚀性能好；风机设置了导流罩，使冷凝风流动平稳，多用于阻力较小的风量系统。

（三）幅流风机

1. 幅流风机的作用

客室内部有时会有一节车厢不同区域温度不同的现象，会严重影响乘坐舒适性。这种现象是由于客室内空气流通不畅、气流流动性差造成的。在客室内增加幅流风机会加快客室内部空气流动，使客室内冷热气流快速融合，基本达到气温均衡，可以缓解车辆出现局部温度过高或过低的情况。

2. 幅流风机的结构及类型

幅流风机一般由叶轮部、电动机部、集风器部、摆动机构、轴承座部、支架部等组成。幅流风机一般分为双轴幅流风机和单轴幅流风机，如图 3-2-5 所示。

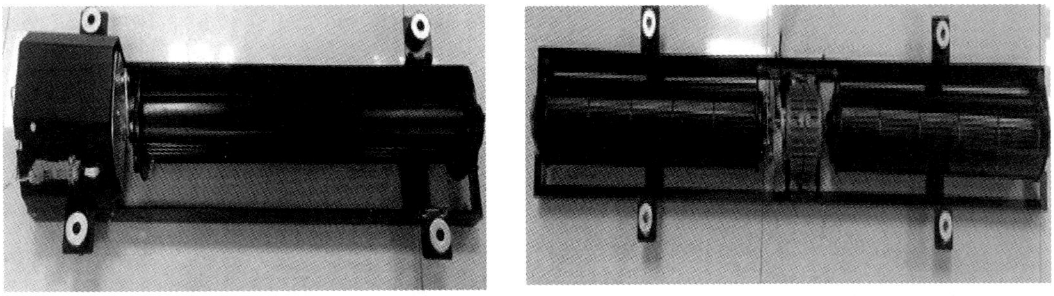

（a）单轴幅流风机　　（b）双轴幅流风机

图 3-2-5　幅流风机

① 叶轮部：由耐腐蚀、具有良好刚度和强度的铝合金材料经落料、压型等工艺制成。叶轮的一端传动轴与辐板铆接，与轴承配合，然后与轴承座连接，另一端固定套外部的聚氯丁橡胶套与辐板连接，然后与电机主轴配合。叶片型线经三元流理论设计，采用特殊结构，能获得均匀流场。

② 电机：驱动幅流风机的动力源，与支架连接。它由主电机、摆头电机及连杆机构组成。摆头电机固定在连杆机构上，该机构与主电机轴套相连。摆头电机通过齿轮逐级变速，带动摆头机构每分钟转动 5 次。主电机采用全封闭的轴承，能承受较大的力和扭矩，使用寿命高，故障率低。当负载扭矩增大到大于规定扭矩时，输出轴出现滑动现象，可有效地

保护内部减速机构。

③ 集风器：型线与叶轮相匹配，材质与叶轮相同，电机侧与连杆机构相连。

④ 摆头机构：连杆机构与集风器连接，在摆头电机的驱动下使摆头电机的圆周运动转化成往复机械运动，使风力范围覆盖广泛。

⑤ 轴承座：支撑叶轮旋转并与支架相连。

⑥ 支架：优质碳素结构钢经下料、折弯、焊接等工艺制造而成，在其两侧配备把手，便于安装。

3. 幅流风机的工作原理及用途

① 工作原理：叶轮在电机的驱动下高速旋转，产生流场，介质在叶道内流动，在叶片的作用下获得能量，将机械能转化为动能，达到通风换气的目的。

② 用途：该产品是一种安装在地铁列车、轻轨列车天棚上与钢结构连接的通风换气装置。其目的是促进车厢内空气对流，为乘客提供舒适的服务。

4. 安　装

① 检验钢结构上的减振器安装台座是否在同一水平上，确认正确后方可安装。

② 幅流风机安装前详细检查外观是否完好，是否存在扭曲、变形及损坏现象，转动是否灵活，各连接部位是否存在松动现象。

③ 铭牌与产品是否相符，接线是否正确，接线端子是否拧紧牢靠，待一切检查完毕确认无误后方可进行安装。

④ 支架两侧焊有安装把手，将幅流风机托至车厢天棚安装位置。

⑤ 吊座焊接在支架上，将吊座与钢结构减振器用螺栓、平垫、弹簧垫、螺母依次连接。

5. 试　验

① 接通电源后，检验叶轮转动方向是否与铭牌指示方向一致。若反向，切断电源，调整接线顺序，转动方向与铭牌指示方向必须同向。

② 检查运转是否灵活，摆头机构是否往复运动，有无振动现象。

③ 叶轮与集风器是否有刮碰现象，机械运转声音是否正常，有无异常噪声。

④ 如有上述问题发生，应让生产厂家专业技术人员排除故障，切勿私自拆卸，造成不必要的损失，防止出现安全隐患。

6. 日常维护检查

幅流风机应由具有一定专业技术水平的工程技术人员定期检查，维护保养。应按下列标准进行维护、检查、保养：

（1）清扫叶轮、集风器。风机长时间运转，在叶轮、集风器表面会积存污垢，如不及时清扫，会对叶轮的动平衡产生影响，风机运转时会产生振动和异常音响。当积存少量灰尘时，可用软毛刷清扫，可在钢结构上进行，不必拆卸。若灰尘较多，应把产品拆卸下来，卸下叶轮、集风器，以免产生扭曲变形，产生振动异常音响，影响设备运行。

（2）检查轴承运转是否灵活，有无异音现象，及时更换轴承，清洗时勿将油类滴到橡胶件上，以免橡胶件老化。

（3）更换摆头电机：

① 将输出轴与连杆机构安装到位。

② 连杆机构与集风器端子按接口安装到位。

③ 试验摆头机构是否正常工作，摆角是否到位。

7. 重要部件检查和全面检查

幅流风机重要部件检查建议在正式使用 8800 h 后，应进行重要部件的维护工作，如表 3-2-2 所示，并加注摆动连杆油脂。

表 3-2-2　重要部件检查

部件名称	检查方法		备　注
	重检	全检	
贯流风叶	清洁	清洁	不要让油脂或清洁剂附着在橡胶件上，如果不小心附着上了，立即清理掉
608DDW 轴承	检查、清洁	检查、清洁	不要让轴承沾水；如果没有异常噪声，轴承可以继续使用
摆动涡壳	清洁	清洁	
6806LLH 轴承 6002DDW 轴承	检查、清洁	检查、清洁	如果轴承转动无异常噪声，可以继续使用
螺母、插座	检查、清洁	检查、清洁	表面和螺纹的灰尘应清洗干净
608ZZ 轴承	检查、清洁	检查、清洁	在分解过程中，如果电机没有异常响声，该轴承也可以继续使用
电容	检查、清洁	检查、清洁	检查电容器表面是否有损伤和鼓起
摆动同步电机	检查、清洁	更换	正式运行 15 400 h 后更换
摆动连杆	检查、清洁	清洁、加润脂	先清洗，然后加润滑脂
引出线	检查、清洁	检查、清洁	检查表面是否有损伤和老化现象

【任务实施】

（一）认知通风机

（1）说出通风机的作用。结合空调通风系统指出各处所用通风机的类型。

（2）结合实物列举通风机元件，并说出其名称。

（二）通风机的日常维护

熟知通风机的日常维护的内容及方法。

【任务评价】

本任务评价见表 3-2-3。

表 3-2-3　评价表

评价内容		评价标准	分值	学生互评	教师评价
理论评价	说出通风机的作用。结合空调通风系统指出各处所用通风机的类型	能否准确描述通风机的作用。结合空调通风系统是否能区分出各处所用通风机的类型	25 分		
	结合实物列举通风机结构，并说出其名称	是否能列举通风机结构，并结合实物准确说出其名称	20 分		
技能评价	熟知通风机的日常维护的内容及方法	是否会通风机的日常维护的内容及方法	35 分		
情感评价	学习态度	（1）是否能积极思考，回答问题，与教师进行互动； （2）是否有充分的课前准备，完成课前预习及小考	5 分		
	分析问题、解决问题	思路清晰、逻辑严谨，并具有安全意识	5 分		
	团队协作	是否具有团队协作精神	5 分		
学习体会	课后思考	是否有知识、技能、思政收获	5 分		
总　分			100 分		
学习体会					

【课后练习】

（1）简述离心式风机的工作原理。

（2）轴流式风机如何工作？相对于离心式通风机有何特点？

项目四 城轨车辆空调控制系统

【项目描述】

城市轨道交通车辆空调控制系统是车辆空调的重要组成部分，担负着按给定的方案协调空调工作的作用，同时对各系统进行自动保护和故障显示。根据各地使用环境和要求的不同，空调运行模式也有所不同。通过本项目的学习，学生可对城市轨道交通车辆空调控制系统有一个系统认识，并了解典型地铁车辆空调控制系统。

【学习目标】

本项目学习目标如表 4-0-1 所示。

表 4-0-1　学习目标表

目标类型	目标要求
知识目标	（1）掌握城轨车辆控制系统的重要性； （2）了解城轨车辆控制系统的通信网络； （3）掌握城轨车辆空调自动控制系统； （4）知道城轨车辆空调控制系统的运行模式
技能目标	（1）能说出城轨车辆控制系统的重要性； （2）能知道城轨车辆控制系统通信网络的种类； （3）会识别城轨车辆空调自动控制系统核心部件； （4）掌握城轨车辆典型空调自动控制系统
情感目标	（1）能进行团队协作； （2）积极参与学习过程，遵守秩序，服从安排； （3）养成安全意识，思想素质提高； （4）拥有认真自我总结与反思的意识

【学习准备】

（1）教学场地：在网络教室及车辆空调实训室中进行一体化教学，课中可实地参观。
（2）设备要求：具有能连接互联网的多媒体教室，要有能播放视频和投影的设备。
（3）准备笔记本、签字笔等学习用具。
（4）利用网络查询城市轨道交通车辆空调维护与检修相关信息。
（5）着工作服、运动鞋进入实训场地。

任务一　认知城轨车辆控制系统

【任务目标】

通过对城轨车辆控制系统的认知和学习，能够说出城轨车辆网络控制系统的作用，了解常用通信网络控制系统的种类和作用，并对典型通信网络控制有一定了解。

【任务分析】

本任务主要通过对城轨车辆控制系统和设备的认知学习，理解城市轨道交通车辆通信网络系统的作用，并能说出对典型控制系统的组成。

实施任务时要特别注意安全要求和规范，一般以学习小组为单位实施。

【任务准备】

一、城轨车辆空调控制系统现状

目前，国内城轨车辆空调机组等相关装置的结构、组成是比较成熟、稳定的。当然，若是要达到比较理想的工况效果，除了空调装置本身之外，控制系统起着重要的作用。国内早期轨道车辆采用继电器-接触器控制方式，因功能较少及不利于集中控制等原因已退出城轨市场。随着微机等技术的发展，空调机组和车辆其他部件一样由列车通信网络控制系统来统一控制。本任务内容主要介绍了城轨车辆通信网络、空调自动控制系统和控制电路等主要原理和组成。目前，国内城轨车辆主要有 4 种总线布置：MVB 总线（多功能车辆总线）、Lon Works 总线、CAN（控制器局域网）总线和 ARCNET 网络。本项目结合广州、深圳两地地铁介绍了其中两种总线形式的布置。在空调机组的自动化控制中，介绍了主要部件、功能和运行模式；针对控制电路，以深圳地铁一号线车辆空调为例，详细讲解了城轨车辆空调控制系统的具体功能。

二、城轨列车通信网络控制系统简介

1. 列车通信网络控制系统的作用

列车通信网络控制系统是将列车的各个子系统及相关外部控制电路的信息进行读取、编码、通信传递、数据逻辑运算及输出控制的一个计算机网络系统。该系统好比人类的神经系统，能通过手和眼睛对自身所处的状态、外部环境进行感知和控制，并对不同情况做出一定反应。而在列车上，该系统则是对列车的供电状况、速度、列车运行模式等状态信息进行实时监控和识别，并根据读取到的列车驾驶人员发出的指令信息，对列车上各个子系统发出相关控制指令，进而使各子系统产生相应的调整控制，以符合设定的功能要求，实现对列车的有效控制。

2. 现场总线技术

现场总线是指安装在生产现场的计算机、控制器及生产设备等连接而成的网络。现场总线一般具有如下特点：

（1）在预定的时间内完成信息的传递，以满足现场实时控制和诊断的需要；

（2）现场总线所传递的信息都是短消息；

（3）牢固可靠，不易出错。

随着微电子技术的不断进步和分布式现场总线技术的迅猛发展，越来越多的城轨列车选择了使用列车通信网络，实现对车载设备的集散式监视、控制和管理，并逐步实现了列车控制的信息化、网络化和智能化。列车控制网络系统的主要特点如下：

① 集散性：由于列车设备布置的限制，列车通信网络控制系统必须连接到列车各部位的设备上对其进行监视、控制和管理。总线网络在设备布置上有优势。

② 实时性：由于列车是运动型的高安全服务设备，因此首要的任务是控制的实时性，特别是高速列车，由于速度很高，环境变化很快，其产生的通信信息不仅信息内容量大，而且对控制命令传输的实时性要求更加严格。

③ 高速通信：由于列车中的设备日益增多，功能日益强大，需要通信的数据量越来越多，高速网络通信不但为了满足通信数据量的要求，而且为了保证网络的实时性。除了实时数据外，非实时的数据信息也通过同一网络传输。

④ 冗余性：由于列车控制网络系统进行了所有设备的监视、控制和管理，如果网络设备出现问题，将严重影响列车运行，因此需要考虑冗余性，以保证安全。

三、城轨车辆空调控制系统

比较常见的列车总线如下：

1. MVB 总线

列车通信网（Train Communication Network，TCN）是目前运营较为广泛的一种列车控制总线网络，它包括两种总线类型：绞线式列车总线（WTB）和多功能车辆总线（MVB）。

2. LonWorks 总线

LonWorks 是一种有强劲实力的现场总线技术，由美国 Echelon 公司推出，并与摩托罗拉、东芝公司共同倡导。

3. CAN 总线

CAN 总线（Controller Area Network）是一种有效支持分布式控制或实时控制的串行通信网络，属于工业现场总线的范畴。

4. ARCNET 网络

（1）ARCNET 使用令牌传输协议来满足现场总线对时间的要求；

（2）由于 ARCNET 使用长度可变的数据，响应时间短，能够满足短消息的应用要求。

四、典型 ARCNET 列车控制网络介绍

1. 广州地铁四号线列车监控系统

广州地铁四号线列车监控系统应用的是 ARCNET 列车总线。它采用的是以中央控制单元（CCU）、本地控制单元（LU）为核心的列车通信网络架构，是基于现场总线技术的分布式控制系统。

列车管理系统（TMS）负责列车的控制、监控和诊断，是一个完整的集成控制系统，为列车的各子系统和模块提供多种实时控制信号。

列车管理系统集中提供了控制、监视车载系统和设备的功能。列车的操作、车载系统的故障诊断、故障数据记录、事件分析和报告等功能都集成在一个分布式智能系统中。TMS 对列车的控制、监控和诊断都是基于与各子系统的通信的，与 TMS 进行通信的系统包括以下子系统：

① 牵引系统；

② 制动系统；

③ 辅助供电系统；

④ 空调系统；

⑤ 车门系统；

⑥ 列车广播系统及乘客信息系统（PIDS）；

⑦ 列车自动控制系统（ATC）；

⑧ 列车无线通信系统。

2. TMS 功能描述

TMS 主要实现对列车的以下控制功能：① 牵引控制；② 制动控制；③ 速度与行驶距离控制；④ 空压机与空调的启动控制。下面简单介绍空压机与空调的启动顺序控制功能。

为了避免所有空压机同时启动时所造成的冲击电流，TMS 对空压机和空调的启动进行了顺序控制。

TMS 通过车辆总线发送启动码给空调系统，从而对空调的启动进行控制。TMS 每隔 10 s 改变一次启动码。在制动空压机没有启动时，每个空调系统每隔 40 s 收到一次启动码。

只有当空调控制单元（ACU）收到持续时间为 2 s 的触发信号时，才启动对空调系统的控制。而当已经启动的空调控制单元收到该触发信号时，它将忽略此信号。

同时，当 TMS 检测到空压机接触器正在启动时，会将 10 s 的时间间隔调整为 13 s，以避免空调压缩机与制动空压机的同时启动。图 4-1-1 和图 4-1-2 为空压机未启动时空调启动时序和空压机启动时空调启动时序。

TMS 通过 A 车的硬线连接监控空压机接触器的状态，CCU 和 LCU 通过车辆总线向 ACU 发送启动码。

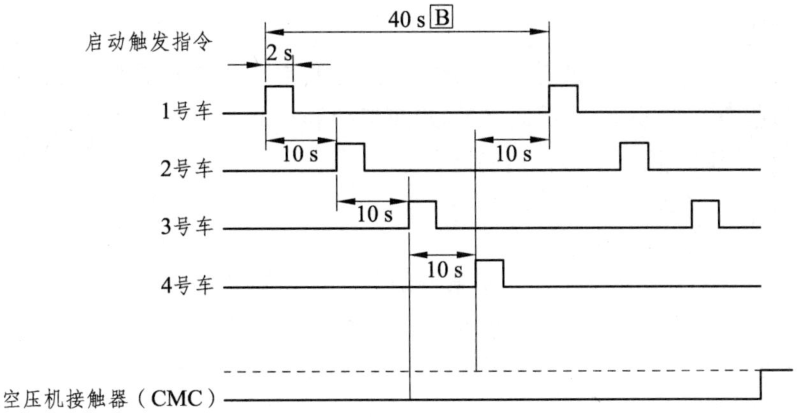

图 4-1-1　空压机未启动时空调启动时序

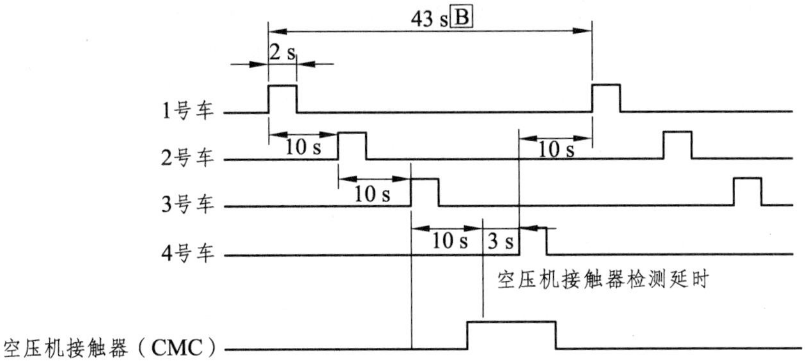

图 4-1-2　空压机启动时空调启动时序

五、空调机组的常见工作模式

1. 手动、自动模式

该功能主要针对车内的目标温度的设定值而言。一种设定方法是依据 UIC553 曲线，使客室内的目标温度的设定值依据车外环境温度而自动变化，保证车内外一个合适的温度差；另一种是利用在空调的控制柜内一个调节旋钮来手动设定客室内的目标温度，这个设定值不与车外环境温度相关联。

2. 通风模式

在任何工况下，空调机组的通风机都保持运行。在没有制冷需求的情况下，空调机组仅开启通风机，保证客室一定的气流速度及新风补给、废气排放。

3. 预冷模式

空调机组初次开机时，如需制冷，则执行预冷模式。预冷模式下，新风阀关闭，空调机组满负荷制冷，使客室内部迅速降温。当达到结束预冷的温度值或预冷设定时间 15 min 后仍不能降到设定温度时，结束预冷，新风阀开启，自动切换到新、回风混合状态。

4. 制冷模式

当客室有制冷需求时，空调控制系统将通过控制空调机组压缩机的启停及功率调节机构的动作，实现 100%、85%、70%、50%共四挡的制冷能力调节，由空调控制系统根据客室温度自动判断系统需要处于哪一挡制冷状态。

5. 紧急通风模式

在扩展供电信号有效的情况下，主电源消失，或没有扩展供电信号的情况下，主电源消失时间超过 10 s 时紧急通风将会启动。

满足紧急通风条件后，空调控制板将发送紧急通风信号，机组回风阀关闭、新风阀全开，并且废排风机高速运转。

6. 扩展供电运行模式

当一台辅助交流电源故障时，由另一台辅助交流电源为整车的空调机组供电。此时由列车控制系统发给空调控制板扩展供电信号，空调机组执行扩展供电模式。即：每车两台空调机组各以半载模式工作。一旦列车控制系统撤销扩展供电信号，则机组自动恢复正常状态。空调控制板顺序启动本车剩余的应该启动的压缩机，而原来正在运行的压缩机不停机。

六、地铁空调典型控制系统

深圳地铁一号线一期地铁车辆每节车装有两台相同的顶置单元式空调机组，用于客室和司机室的空气调节。运用一台 FPC 24 控制器实现对每节车的两台空调机组的控制。带司机室的 A 车还配有独立的司机室通风单元，可通过手动旋钮开关对风量进行多级调节。

每台空调机组由设在温度控制板上的旋钮式温度选择开关来选择以下控制模式：关闭、自动、试验、手动模式。

1. 关　闭

两台空调机组都停机，输出信号的故障灯亮，表示空调有故障。

2. 试　验

在此运行模式下，机组可以在缺少低压、温度等保护的情况下进行部件功能测试，因此在正常情况下不使用该模式。

3. 自动模式

在正常运行时，空调温度选择开关设置满足下列条件时，系统处于“自动模式”：

（1）当模式选择开关处于自动、19 °C、21 °C、23 °C、25 °C、27 °C 中任一挡位。

（2）控制器接收到来自 VCU 的运行信号。

自动模式下，空调机组完全由控制器控制。空调系统将根据规定的目标温度、车厢内温度，结合新风温度及送风温度保护，通过 PI 调节计算出制冷需求。根据制冷量计算空调系统将按以下模式运行：没有制冷需求，通风模式；0<制冷需求<50%，半冷模式；50%<

制冷需求，全制冷模式。

当模式选择开关处于“自动”挡：空调控制器将根据室外温度按 UIC 曲线计算目标温度。根据 UIC553，当环境温度高于 19 °C 时，客室目标温度将按以下公式计算：

$$T_{ic}=22\ °C+0.25（T_e-19\ °C）$$

当环境温度低于 19 °C 时，空调系统将保持通风。

（1）预冷子模式

在“自动模式”中，制冷系统首次运行时，系统处于“预冷子模式”。启动预冷后，空调新风门关闭，回风门打开，以使客室内温度迅速降低。当系统接收到“退出预冷”信号，或“预冷子模式”运行时间超过 30 min，则“预冷子模式”结束。

（2）降级子模式

在“自动模式”中，当系统接收到“降级运行”信号，系统处于“降级运行子模式”。在此模式下，空调机组的通风机、冷凝风机运行状态不变，但当有制冷需求时，每台机组最多只允许一台压缩机运行。

（3）高温保护子模式

在“自动模式”中，当室外温度高于 42 °C 时，若有制冷需求，空调机组的通风机、冷凝风机、压缩机运行状态不变，但为了保护压缩机，系统切除一半蒸发器，降低压缩机的运行负荷。当室外温度高于 50 °C 时，压缩机停机，此时系统处于“高外温保护子模式”。

【任务实施】

（一）认知控制系统

说出城轨车辆网络控制的作用和种类。

（二）空调控制测试

会通过手动模式进行空调控制测试。

【任务评价】

本任务评价见表 4-1-1。

表 4-1-1　评价表

评价内容		评价标准	分值	学生互评	教师评价
理论评价	说出城轨车辆网络控制的作用和种类	能否准确描述城轨车辆网络控制的作用和种类	30 分		
技能评价	会通过手动模式进行空调控制测试	是否会风机的日常维护的内容及方法	50 分		
情感评价	学习态度	（1）是否能积极思考，回答问题，与教师进行互动； （2）是否有充分的课前准备，完成课前预习及小考	5 分		

续表

评价内容		评价标准	分值	学生互评	教师评价
情感评价	分析问题、解决问题	思路清晰、逻辑严谨，并具有安全意识	5分		
	团队协作	是否具有团队协作精神（在任务中请教他人或是帮助他人）	5分		
学习体会	课后思考	是否有知识、技能、思政收获	5分		
总　分			100分		
学习体会					

【课后练习】

（1）空调机组的常见工作模式有哪些？

（2）简单介绍空压机与空调的启动顺序控制功能。

任务二　认知城轨车辆空调控制系统

【任务目标】

通过对城轨车辆空调控制系统的认知和学习，能够说出电气控制系统的作用，了解电气控制系统的组成。

【任务分析】

本任务主要通过对城轨车辆空调电气控制系统和设备的认知学习，理解城市轨道交通电气系统的作用，并能说出典型控制系统的组成。

实施任务时要特别注意安全要求和规范，一般以学习小组为单位实施。

【任务准备】

一、KG35E 型空调控制系统

空调控制系统的主要功能：通过 MVB 和列车进行通信、温度采集和控制，并通过接触器控制各部件和风门，同时进行故障诊断和记录等。

每节车设有一台控制器，控制一台车的两台空调机组。空调机组的运行模式和故障诊断由微处理器控制，可实现客室通风、预冷、制冷、新风调节、紧急通风等功能，并根据运行条件自动调节制冷量大小。

控制系统集成有 MVB 网卡的通信控制器，每节车的控制器通过通信控制器与列车中央控制单元通信，上传空调机组的工作状态和故障信息，接收列车中央控制单元发送的工作指令，如图 4-2-1 所示。

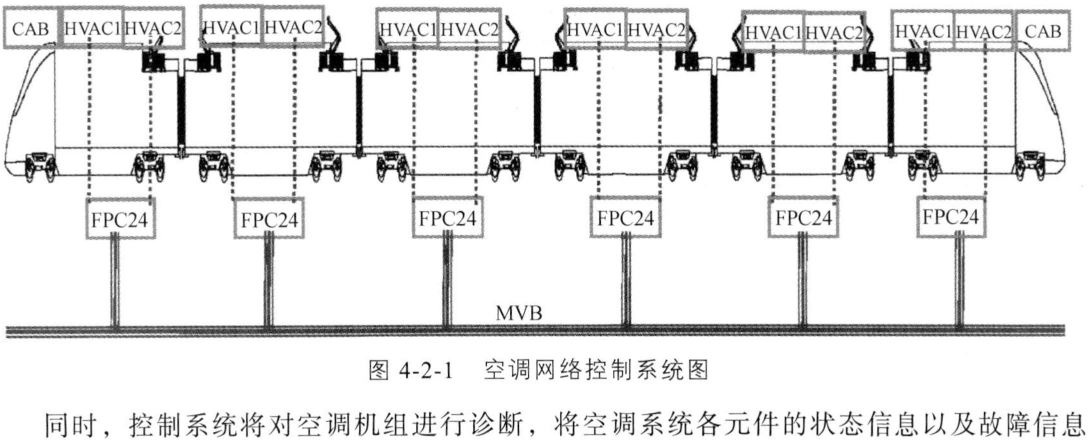

图 4-2-1　空调网络控制系统图

同时，控制系统将对空调机组进行诊断，将空调系统各元件的状态信息以及故障信息发送给车辆控制器。每节车内的控制器通过总线结构与列车网络进行通信。

图 4-2-2 为空调控制功能说明。

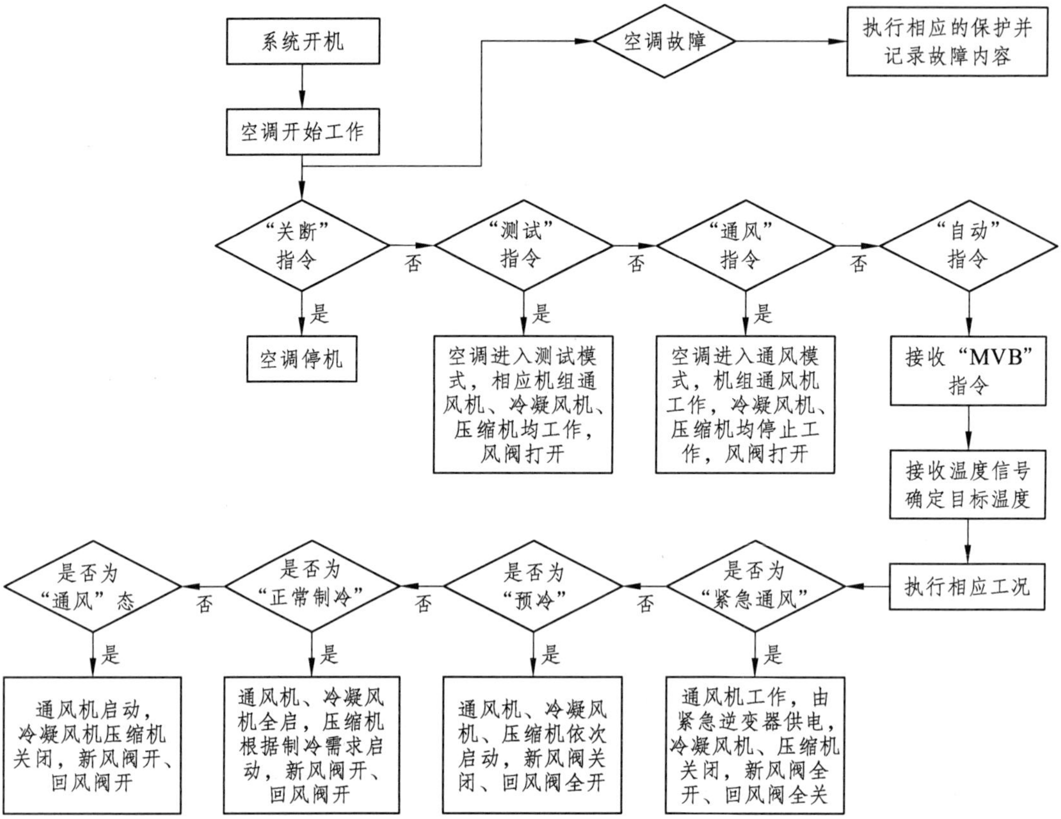

图 4-2-2　空调控制功能说明

二、空调系统工作模式设定

1. 预冷模式

在此模式下，新风调节门关闭，空调系统全回风运行，以使车厢内温度在 AW0 条件下迅速冷却，直至车厢内温度达到设定值后自动切换到正常制冷状态。

2. 正常制冷模式

在此模式下，空调系统根据车厢内制冷负荷的大小，自动运行在部分冷模式或全冷模式下，不需要人为干预。

3. 紧急通风模式

当三相 380 V，50 Hz 交流电源供电发生故障时，紧急通风系统将自动启动，向客室提供 3200 m^3/h 的新风，以保证乘客的安全。此时由蓄电池提供电源，经紧急逆变器逆变成三相交流电源为空调机组内的通风机供电。此时回风门全关，新风门全开。紧急通风至少能保持 45 min。当 380 V 交流电源恢复正常后，空调系统将自动恢复正常运行状态。

4. 通风模式

当车内制冷负荷极小，空调控制系统检测到车内无制冷需求时，空调系统自动运行在通风模式，此时空调压缩机停机，冷凝风机停止运行，仅通风机工作。

5. 温度控制

每节车空调电气柜中设有控制盘，控制盘上设有控制器，能够对空调系统工作模式进行选择，或对空调系统温度进行设置。

自动：按 UIC553 标准，空调控制系统根据车外温度自动调节车内温度。UIC553 的设定温度计算公式如下：

$$T_i=23\ ^\circ\mathrm{C}+0.25\times(T_e-19\ ^\circ\mathrm{C})\quad(T_e>19\ ^\circ\mathrm{C})$$

$$T_i=23\ ^\circ\mathrm{C}\quad(T_e\leqslant 19\ ^\circ\mathrm{C})$$

当选择“自动”位时，司机室能够在 HMI（人机界面）上通过网络对空调温度进行设定。

测试 1/2：用于空调机组的维修及调试。

停机：空调机组停止工作。

通风：仅通风机工作。

图 4-2-3 为控制器示意图，图 4-2-4 为司机室 HMI 控制示意图。

图 4-2-3 控制器示意图

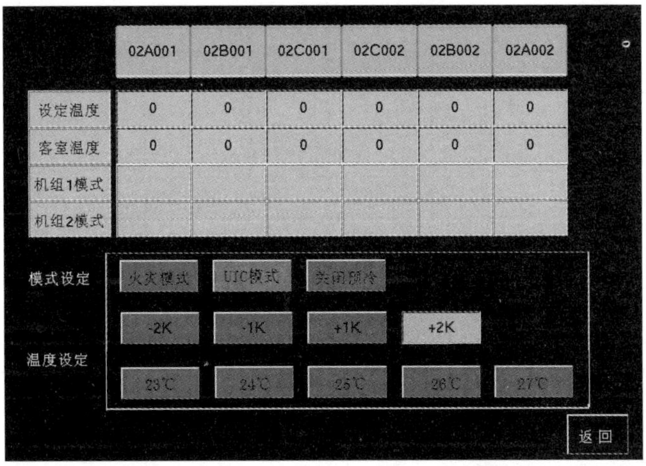

图 4-2-4 司机室 HMI 控制示意图

司机室设有控制开关，通过硬线信号可对整列车空调进行接通/切除操作。当本车控制选择“自动”位时，司机室能够在 HMI 上通过网络对空调温度进行−2K、−1K、+1K、+2K 调节。

6. 新风控制方案

新风消耗的能源是空调系统功耗中较大的部分，一般占空调系统能耗的 40%以上。为此，空调系统设有新风调节功能，可根据载客量信号自动调整新风量的大小，达到节约能源的目的。新风量的大小通过调整新风门的开启角度来实现，新风门的控制挡位分为全闭、1/3、2/3 和全开四挡，如表 4-2-1 所示。

表 4-2-1　新风控制表

工　况	载客量/人	新风门状态	新风量/（m^3/h）	减少热负荷/W
1	0	全闭	0	26 800
2	1～80	1/3	900	18 585
3	81～160	2/3	1800	10 073
4	≥161	全开	2936	0

通过新风控制，同时保证人均新风量＞10 m^3/h，满足 EN14750-1 的要求，且大大降低了客室内夏季和冬季冷热负荷，有效地节约能源，避免浪费。

当隧道发生火灾时，司机可以通过 HMI 上的新风门关闭按钮将新风门完全关闭，此时空调将全回风运行，避免将隧道中的烟气带入客室。

三、空调控制电路

空调控制电路如图 4-2-5 和图 4-2-6 所示。相应的缩略语说明如表 4-2-2 所示。

表 4-2-2　主控回路原理图中缩略语说明

代　号	定　义	代　号	定　义
KPC	微机控制器	HPS	高压压力保护开关
EFK	通风机接触器	ITH	排气温度保护开关
CFK	冷凝风机接触器	TCR	三相监控继电器
EMFK	紧急通风接触器	RY	中间继电器
CPK	压缩机接触器	SA1	模式选择开关
EFTHR	通风机热继电器	1Q、2Q	通风及制冷断路器
CFTHR	冷凝风机热继电器	3Q	紧急通风断路器
CPTHR	压缩机热继电器	4Q	控制回路断路器
EF	通风机	MVB	多功能车辆总线
CF	冷凝风机	PTU	便携式测试单元
CP	压缩机	VCU	车辆控制单元
LPS	低压压力保护开关		

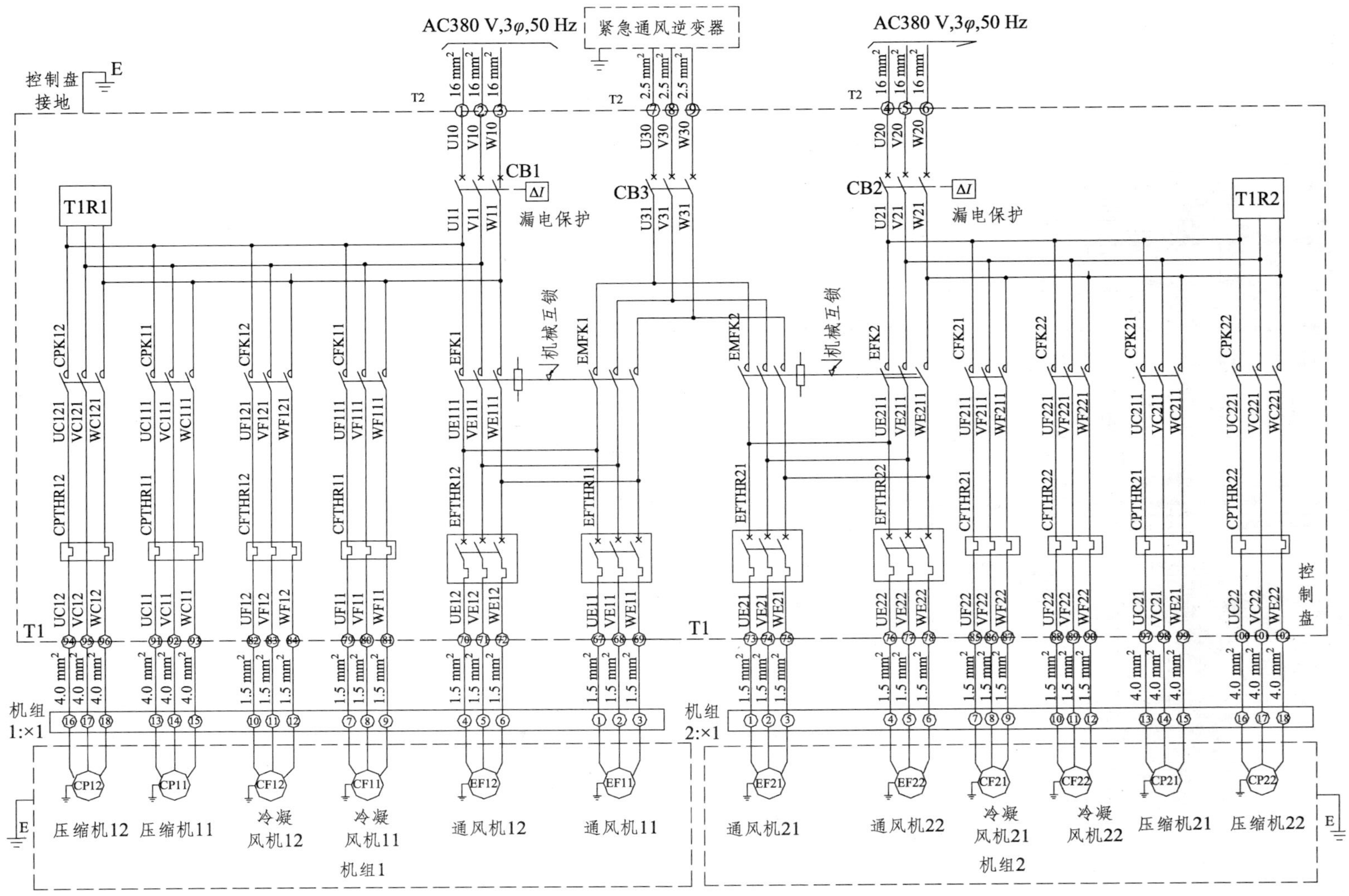
AC380 V,3φ,50 Hz
紧急通风逆变器
AC380 V,3φ,50 Hz
控制盘
接地
E
T2
CB1
CB3
CB2
漏电保护
漏电保护
T1R1
T1R2
机械互锁
机械互锁
CPK12
CPK11
CFK12
CFK11
EFK1
EMFK1
EMFK2
EFK2
CFK21
CFK22
CPK21
CPK22
CPTHR12
CPTHR11
CFTHR12
CFTHR11
EFTHR12
EFTHR11
EFTHR21
EFTHR22
CFTHR21
CFTHR22
CPTHR21
CPTHR22
控制盘
T1
机组1:×1
机组2:×1
压缩机12
压缩机11
冷凝风机12
冷凝风机11
通风机12
通风机11
通风机21
通风机22
冷凝风机21
冷凝风机22
压缩机21
压缩机22
机组1
机组2

图 4-2-5　主回路原理图

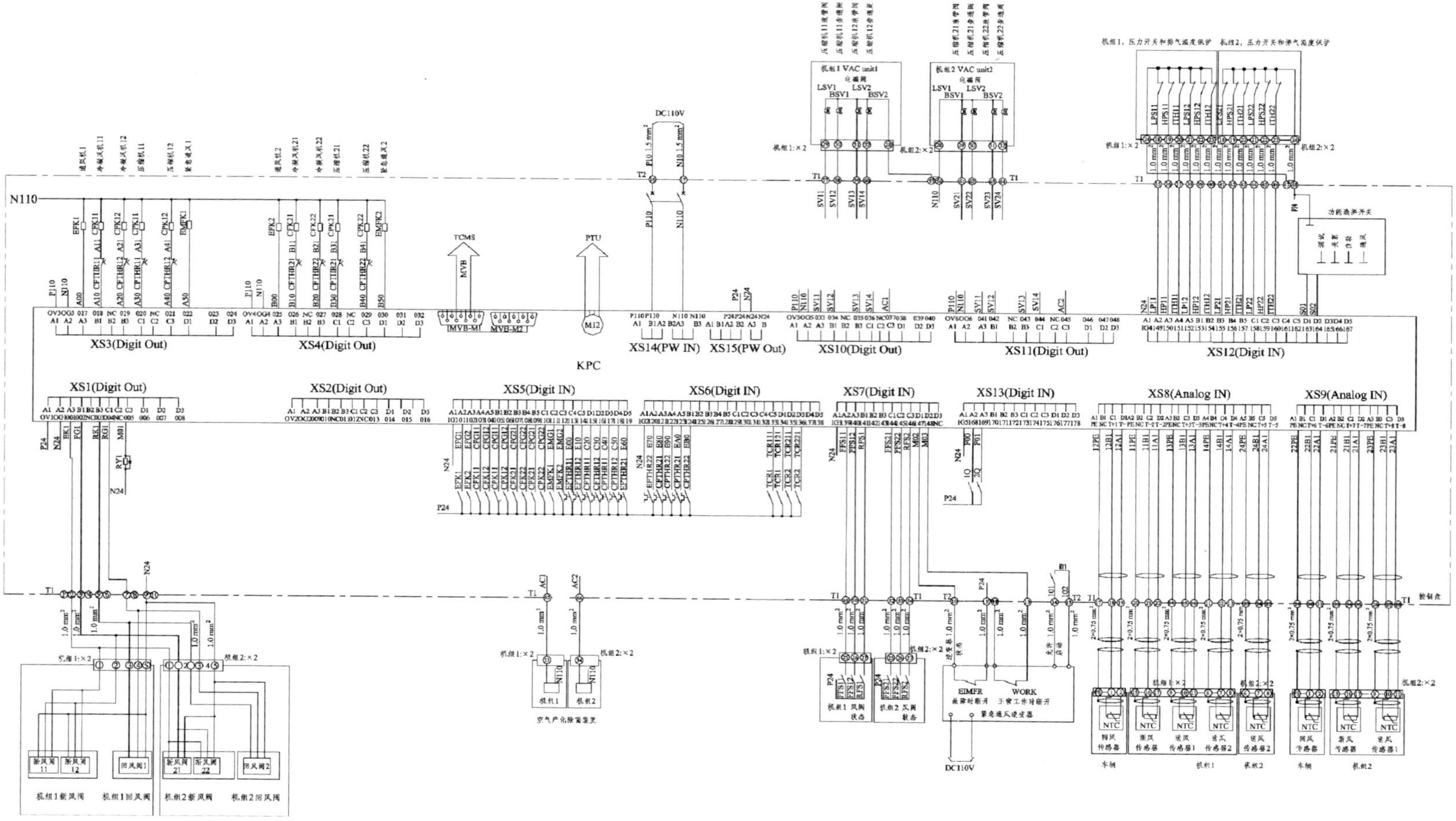

图 4-2-6　控制回路原理图

四、PTU 使用说明

1. 软件介绍

（1）打开计算机。

（2）通过一根 USB 数据线（或 RS232 串口线）连接计算机和控制器。

（3）打开控制器。用 USB 数据线首次连接需要安装驱动，运行程序“CP2102 驱动\CP210xVCPInstaller_x86.exe 或 CP210xVCPInstaller_x64.exe（根据系统确定）”，安装即可，如图 4-2-7 所示。

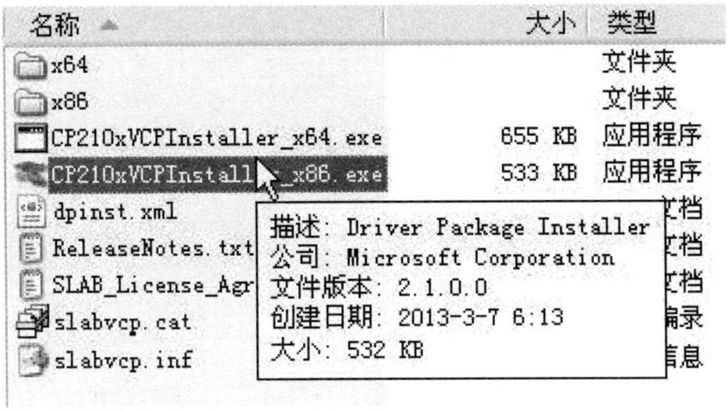

图 4-2-7　USB 驱动

2. 软件使用方法

软件采用基于图形化的用户接口界面，根据功能分为主操作界面、端口监视、网络监视、部件检测、运行时间清零、设置设备地址、设置时间、设备记录。

（1）主操作界面

通过主操作界面可以查看：

① 通风机、冷凝风机、压缩机、电加热器等主要设备的工作状态；

② 回风、送风、新风及目标温度；

③ 空调实时故障信息等。

（2）端口监视

该窗口显示数字输入输出的实时状态，例如

表示无输入，

表示有输入。

（3）网络监视

网络监视界面如图 4-2-8 所示，可以通过 PTU 模拟车辆网络信号或者监视控制器收发的网络信号。

（4）部件检测

此界面实现部件检测和风阀控制功能，如图 4-2-9 所示。

（5）运行时间清零

通过运行时间清零界面可清除指定设备的累计运行时间，如图 4-2-10 所示。

（6）设置设备地址

通过设置设备地址界面可设置控制器地址，如图 4-2-11 所示。

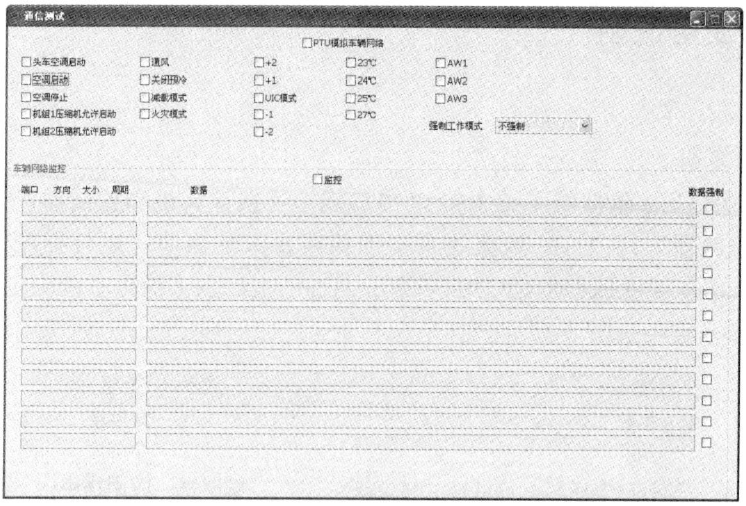

图 4-2-8　网络监视界面

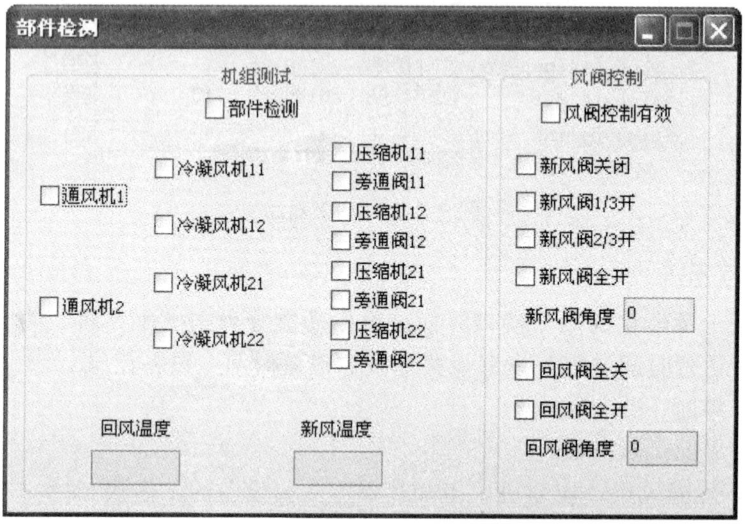

图 4-2-9　部件检测界面

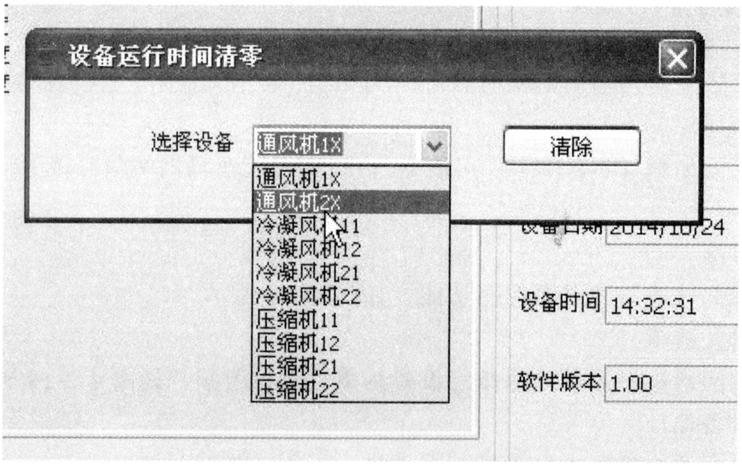

图 4-2-10　运行时间清零界面

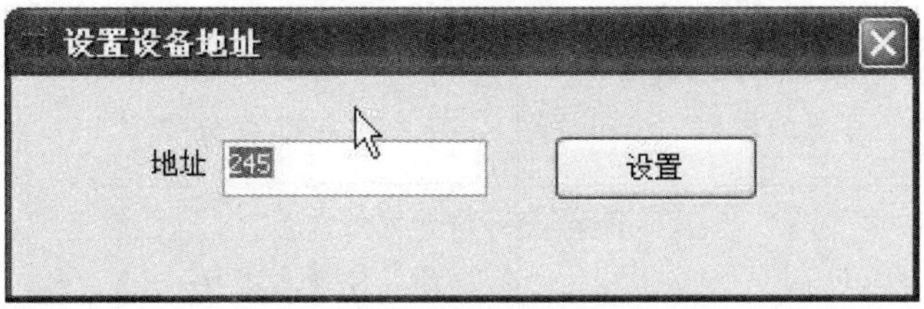

图 4-2-11　设置地址界面

（7）设置时间

通过设置时间界面可设置控制器的系统时间，如图 4-2-12 所示。

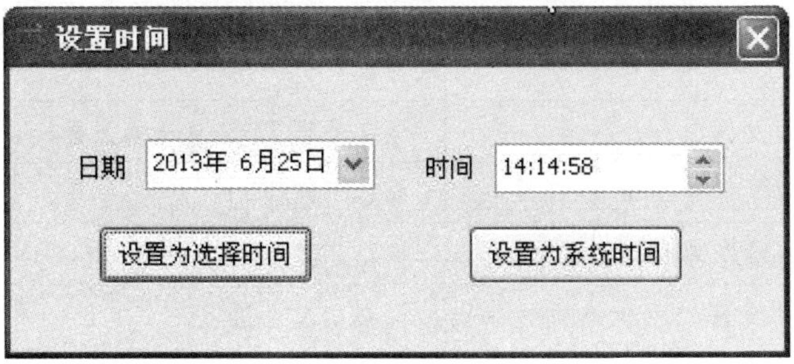

图 4-2-12　设置时间界面

（8）设备记录

可从控制器下载故障记录，并可将故障记录保存成 Excel 文件。

五、故障分析与处理

故障分析与处理如表 4-2-3 所示。

表 4-2-3　故障分析与处理

序号	故障现象	可能的原因	处理方法/测量/测试	备　注
1	不出风	（1）离心风机的配线		
		连接器处断线	查看电路接通情况，重新接线	
		接线处螺丝松弛	查看电路接通情况，拧紧松的螺丝	
		（2）电动机烧损或断线	测量线圈电阻，更换电机	正常阻值为 14.6 Ω
		（3）离心风机电机的热磁断路器均动作	检查电机电流，复位、修理或更换	正常电流为 1.4 ~ 2.2 A
		（4）电源故障	检查主控回路电源是否正常	
		（5）断路器处于分闸状态	合上断路器	
		（6）控制器故障	检查元件，修理或更换	

续表

序号	故障现象	可能的原因	处理方法/测量/测试	备　注
1	不出风	（7）功能选择开关挡位错误或故障	检查选择开关，打到正确挡位，如故障，修理或更换	
		（8）接触器线圈烧毁或触头故障	检查元件，修理或更换	
2	风量小	（1）离心风机电机反转	检查离心风机转向，调换相线	
		（2）混合风滤网堵塞	检查过滤网，清洗滤料	
		（3）蒸发器结霜或冰	检查（目视），送风运转化冰、霜	
		（4）蒸发器散热片脏堵	检查（目视），清洗蒸发器	
		（5）送风道等处堵塞	检查，修理	
		（6）风机叶片积垢	检查，清洁	
		（7）一个离心风机电机的热磁断路器动作	检查相应电机电流，复位、修理或更换	
3	不冷	（1）压缩机不转		
		压缩机断线、烧损	测定线圈电阻，更换压缩机	正常电阻为 1.36 Ω
		高压压力开关动作	见第 6 项（高压压力开关动作）	
		低压压力开关动作	见第 7 项（低压压力开关动作）	
		接线端子安装螺丝松弛	查看接通情况，重新拧紧	
		控制器故障不良	检查电气件，查明原因后修理	
		接触器、线圈烧毁或触头故障	检查元件，修理或更换	
		压缩机故障	检查压缩机电流，修理或更换	正常电流为 9～16 A
		轴流风机热继电器动作	检查电机电流，修理或更换	正常电流为 1.4～2.1 A
		轴流风机电机烧损或断线	检测线圈电阻，修理或更换	正常阻值为 20.7 Ω
		离心风机电机烧损或断线	检测线圈电阻，修理或更换	正常阻值为 14.6 Ω
		压缩机热继电器动作	检查压缩机电流，修理或更换	正常电流为 9～16 A
		功能选择开关挡位错误或故障	检查选择开关，打到正确挡位，如故障，修理或更换	
		（2）压缩机运转		
		制冷剂泄漏	室内吸入和排出空气温差小，修理制冷循环系统，重新充注制冷剂	

续表

序号	故障现象	可能的原因	处理方法/测量/测试	备　注
3	不冷		回气温度过高，修理制冷循环系统，重新充注制冷剂	
			压缩机运转电流小，修理制冷循环系统，重新充注制冷剂	
4	冷量不足	（1）混合风滤网堵塞	检查滤网（目视），清洗或更换滤料	
		（2）蒸发器、冷凝器过脏	检查（目视），清洗	
		（3）蒸发器结冰	检查（目视），送风化冰	
		（4）空调设定温度过高	检查，调整或修理	
		（5）少量制冷剂泄漏	压缩机运转电流比其他压缩机略小，修理制冷剂循环系统	正常电流为 9～16 A
		（6）制冷剂充注过多	电流过大，重新充注制冷剂	正常电流为 9～16 A
		（7）风量不足	见第 2 项（风量小）	
		（8）一台压缩机热继电器动作	检查电机电流，复位、修理或更换	正常电流为 9～16 A
5	振动噪声大	（1）风机电机轴承异常	更换轴承或风机	
		（2）风机叶轮不平衡	检查风机的平衡性，调整或更换	
		（3）紧固部位松弛	检查各紧固部位，拧紧松弛部位	
6	高压压力开关动作	（1）冷凝器过脏	检查冷凝器，清扫	
		（2）制冷剂充注过多	压缩机电流比正常值大，重新充注制冷剂	正常电流为 9～16 A
		（3）轴流风机反转	检查，将相序调整正确	
		（4）排气管段堵塞	检查高压管路及配件等，修理	
		（5）轴流风机不转		
		电机烧损	测定线圈电阻是否平衡，更换电机	正常电流为 9～16 A
		电机的轴承损伤	检查，更换轴承	
		（6）空气或不凝性气体混入系统中	压缩机电流比正常值大，查明原因，修复后重新充注制冷剂	正常电流为 9～16 A

续表

序号	故障现象	可能的原因	处理方法/测量/测试	备　注
7	低压压力开关动作	（1）制冷剂泄漏	压缩机电流小，检查、修理制冷系统	正常电流为9～16 A
		（2）温度传感器感温不正确	电阻值与温度不对应，校准传感器或更换	
		（3）风量不足	见第2项（风量小）	
		（4）低压管路堵塞	检查（目视），检查、修理制冷系统	
		（5）蒸发器散热片堵塞	检查，清洗	
8	漏水	（1）回风口漏水		
		回风短风道密封不良	检查，进行正确安装、密封	
		（2）出风口漏水		
		蒸发器脏堵	清洗蒸发器或混合风滤网	
		送风面密封处漏水	检查送风面密封情况，正确安装机组，修理	
		（3）车内风道内凝露形成水珠，从出风口吹出	检查风道保温，修理	
9	空气净化器不工作	（1）光等离子管烧损	检测电阻，更换光等离子管	正常阻值为3 Ω
		（2）连接器处断线	查看电路接通情况，重新接线	

【任务实施】

（一）认知空调电气控制系统

（1）说出空调电气控制系统的作用。

（2）认识控制界面，会手动设置。

（二）认知控制电路图

能读懂控制电路图。

【任务评价】

本任务评价见表4-2-4。

表 4-2-4 评价表

评价内容		评价标准	分值	学生互评	教师评价
理论评价	说出空调电气控制系统的作用	能否准确描述空调电气控制的作用和种类	10 分		
	能读懂控制电路图	能否基本读懂控制电路图	40 分		
技能评价	认识控制界面，会手动设置	是否认识控制界面，并会设置基本步骤	30 分		
情感评价	学习态度	（1）是否能积极思考，回答问题，与教师进行互动；（2）是否有充分的课前准备，完成课前预习及小考	5 分		
	分析问题、解决问题	思路清晰、逻辑严谨，并具有安全意识	5 分		
	团队协作	是否具有团队协作精神（在任务中请教他人或是帮助他人）	5 分		
学习体会	课后思考	是否有知识、技能、思政收获	5 分		
总　分			100 分		
学习体会					

【课后练习】

读电路图，分析压缩机、冷凝风机、通风机的启动顺序。

项目五

城轨车辆空调检修

【项目描述】

城市轨道交通车辆空调检修是本课程的最终目标，通过对理论知识的学习，了解空调设备，同时掌握一定的检修方法和典型故障解决办法。

【学习目标】

本项目学习目标如表 5-0-1 所示。

表 5-0-1　学习目标表

目标类型	目标要求
知识目标	（1）掌握城轨车辆检修安全注意事项； （2）了解城轨车辆空调一般检修方法； （3）了解城轨车辆空调检修内容； （4）会对典型故障进行分析和排查解决； （5）会使用常用检修工具
技能目标	（1）能说出城轨车辆空调检修安全注意事项； （2）会使用常用检修工具； （3）会日常维护与检查
情感目标	（1）能进行团队协作； （2）积极参与学习过程，遵守秩序，服从安排； （3）养成安全意识，思想素质提高； （4）拥有认真自我总结与反思的意识

【学习准备】

（1）教学场地：在网络教室及车辆空调实训室中进行一体化教学，课中可实地参观。
（2）设备要求：具有能连接互联网的多媒体教室，要有能播放视频和投影的设备。
（3）准备笔记本、签字笔等学习用具。
（4）利用网络查询城市轨道交通车辆空调维护与检修相关信息。
（5）着工作服、运动鞋进入实训场地。

任务一　城轨车辆空调日常维护

【任务目标】

通过对城轨车辆空调日常维护的认知和学习，能够说出操作安全注意事项，了解空调日常维护检查的内容及流程。

【任务分析】

本任务主要通过对空调日常维护的认知学习，知道安全操作注意事项，并能将之运用于检修工作当中，同时掌握空调日常维护检查的内容及流程。

实施任务时要特别注意安全要求和规范，一般以学习小组为单位实施。

【任务准备】

一、空调机组操作安全注意事项

（1）在发生异常时，要停止运转，断开电源。

（2）检修时要断开电源。否则可能触电，引起火灾。

（3）不要把手或其他物品伸进风扇叶，否则可能造成事故。

（4）不要踩踏冷凝风机保护罩。否则可能造成损伤及风机故障。

（5）不要用手直接接触热交换器的翅片表面。否则可能损伤手。

（6）不要用手去摸工作中的冷媒配管及压缩机。因为工作中的冷媒配管里的冷媒处于流动状态，或高温或低温，用手接触可能烫伤或冻伤。

（7）机组的拐角及突出部分不要用手直接触摸。因为机组的外壳及部分零件是用较薄的钢板制成，用手直接接触可能会划伤。

（8）机组的盖板取下后，请不要使机组运转。

① 此时通风机过载运转会引起通风机电机发热损坏。

② 如制冷运转，蒸发器会结霜引起低压故障。

（9）对空调机组进行焊接操作及操作后一定时间内，不要触碰空调机组内的铜管和元器件，以免因为高温而烫伤。

（10）机组与车体的所有连接螺栓均应确保牢固，并经常检查。否则可能因松动造成危险。

（11）机组前后盖的连接螺栓、活动盖铰链开口销、盖锁均应确保牢固，并经常检查。否则可能因松动而落下造成危险。

（12）机组地线要接好。否则可能造成触电。

（13）在进行制冷剂回收或充注制冷剂时，要防止气液态制冷剂喷射到手上或其他身体皮肤表面，有可能造成冻伤。

二、空调机组的操作

（一）操作前检查

（1）空调设备与车体之间地线是否完全接上。

（2）客室温度是否高于制冷运行控制器设定温度。

（3）空调设备是否供电。

（4）排水孔、排水管道是否经过适当清洗。

（5）是否安装了干净的回风过滤器和新风过滤器。

（6）对于车内外温度低时的手动操作，有以下注意事项：

① 如压缩机在蒸发器进气温度为 20 °C 时工作，蒸发器会产生结冰现象，造成压缩机损坏。

② 如果出于不可避免的原因需要进行手动操作，比如试车，在以下条件下操作空调：

10 °C＜蒸发器进气温度≤20 °C，压缩机工作时间不能超过 2 min。

蒸发器进气温度≤10 °C，压缩机不得工作。

在炎热的夏季，当空调运行数小时后，因为客室内异常高的温度对空调运转施加负荷过多，压缩机保护装置可能动作，在这种条件下由控制程序控制空调转入通风模式或其他模式。

在高温条件下重复启动和停止压缩机可造成其损坏。

在进行空调机组的检修或者需要开启空调机组盖板前，必须切断电源后再进行操作。

（二）机组重新安装后，操作前其他检查

首先进行配线检查，测量主回路及控制回路的绝缘电阻是否均正常。

连接器插头与控制盘端子排接线完毕后，将每根线对应检查，确定接线无误。然后用相序仪检测电源进线的相序，相序正确，再将连接器的插头与机组侧插座插合。

（三）试运转

在试运转前必须保证机组盖板完全锁好，严禁开盖启动空调机组。

1. 通风试运转

室内送风机运转后，判断风机运转时是否有异常振动或杂音。

在不连接风道或没有风阻的情况下，不可长时间运转风机，以防通风机电机电流过大，烧毁电机。

若出风口风量很小，则可能是送风机反转。需将电源或连接线路中相序调整正确。

2. 制冷运转

制冷运转时，应确认室外冷凝风机旋转方向是否正确。正常运转时，风应从两侧吸入，从顶部吹出。

制冷运转时，应确认压缩机是否正常运转。如果发现异常噪声，需及时停机，检查相序是否接反。

注意：当空调机组出现故障时，必须查明原因，排除故障后才能允许重新启动，严禁带故障强行启动。

三、空调机组及控制柜日常维护保养

1. 空调机组箱的日常维护与保养

空调机组一年应进行一次全面检查与清洗。

通风系统中的送风口、新风口、回风口、新风过滤网、回风过滤网应定期清扫或清洗。

冷凝器翅片脏污，会降低换热效果，造成排气压力过高，影响制冷能力。蒸发器表面太脏，同样会降低换热效果，影响制冷能力，也会增加通风机阻隔力，降低风量，因此应定期用压缩空气或高压水冲吹冷凝器、蒸发器表面，去除积尘和污垢。

检查通风机、冷凝风机与压缩机的启动运转情况，检查机组腔内电源接线、新风回风阀门及制冷系统电磁阀安装接线是否良好，检查电源分线盒、电机电源接线盒是否密封良好。

检查制冷剂管道接缝处表面是否有油污。发现油渍，制冷剂即有泄漏，需拆机检修。检查机组座下纵向梁的排气孔，如有异物堵塞，应予以清除，避免箱内积水。检查空调机组机箱、管路、盖板保温材料是否良好。检查空调机组箱内各部件安装是否有松动现象，制冷管路与箱体是否有碰磨现象。

2. 空调控制柜的日常维护保养

检查各接线排、空气断路器、接触器、继电器、指示灯、仪表灯电器元件上的接线是否松动、烧损变色。

检查 PLC 控制器温度和参数设定、欠过压继电器、各保护电器整定值设置是否正确。

应定期对控制柜内积尘进行清扫。

【任务实施】

（一）城轨车辆空调日常维护

（1）说出城轨车辆空调日常维护内容。

（2）会城轨车辆空调日常维护流程。

（二）安全注意事项

能在操作中时刻遵守安全注意事项要求。

【任务评价】

本任务评价见表 5-1-1。

表 5-1-1　评价表

评价内容		评价标准	分值	学生互评	教师评价
理论评价	说出城轨车辆空调日常维护内容	能否准确描述城轨车辆空调日常维护内容	30 分		
	能在操作中时刻遵守安全注意事项要求	能否将安全操作纳入工作中	20 分		
技能评价	会城轨车辆空调日常维护流程	是否会根据城轨车辆空调日常维护流程进行检查	30 分		
情感评价	学习态度	（1）是否能积极思考，回答问题，与教师进行互动； （2）是否有充分的课前准备，完成课前预习及小考	5 分		
	分析问题、解决问题	思路清晰、逻辑严谨，并具有安全意识	5 分		
	团队协作	是否具有团队协作精神（在任务中请教他人或是帮助他人）	5 分		
学习体会	课后思考	是否有知识、技能、思政收获	5 分		
总　分			100 分		
学习体会					

【课后练习】

（1）完整陈述空调机组操作安全注意事项。

（2）简单叙述空调机组箱的日常维护与保养内容。

任务二　城轨车辆空调常见故障和处理方法

【任务目标】

通过对城轨车辆空调常见故障和处理方法的认知和学习，能够说出城轨车辆常见故障和处理方法，并掌握空调常见故障的简单处理方法和流程。

【任务分析】

本任务主要通过对空调常见故障和处理方法的认知学习，能通过故障现象思考故障原因，并用一般检查方法结合工具查找故障原因，会实际解决一些典型的常见故障问题。

实施任务时要特别注意安全要求和规范，一般以学习小组为单位实施。

【任务准备】

一、空调机组常见故障和处理方法

空调机组常见的故障大致可以分为两类：一类是制冷系统故障，另一类是电气控制系统故障。

（一）制冷系统故障

（1）制冷系统故障主要可分为“漏”和“堵”两类。“漏”包括制冷剂的泄漏以及空调机组漏水等故障。“堵”包括制冷管路内毛细管、干燥过滤器的脏堵和冰堵，蒸发器和冷凝器的积尘以及空气过滤的堵塞。冰堵是由于制冷系统内进入水分，引起制冷循环的堵塞，多发生在毛细管节流处。脏堵是由于制冷系统内混入杂质引起的堵塞，多发生在干燥过滤器进口滤网或系统其他过滤器处。冰堵和脏堵的共同现象是使制冷剂循环受阻，吸气压力明显降低，无制冷效果或制冷效果降低。

（2）制冷系统中制冷剂泄漏是最常见的故障，其泄漏部位主要发生在管路的焊接处，压缩机吸排气口的连接处，电磁阀、压力开关的引接处等。由于管路焊接不良或车辆运行中冲击、振动造成连接螺钉松动或连接部位多次振动后出现裂纹原因均可引起系统泄漏。

制冷剂的泄漏因原因不同，其泄漏程度也不尽相同。较轻微的泄漏可引起制冷量不足，低压压力过低而压力开关保护动作，蒸发器吸热不足等；严重的泄漏可造成机组制冷不良。在制冷剂已漏光，系统中混入空气，压缩机继续运转，导致压缩机因过热而被烧损。

（3）制冷剂的检漏方法（在停机状态下进行）。

外观检查：由于制冷剂泄漏会渗出冷冻油，一旦发现管路某处有油迹，可用白布擦拭或用手直接触摸检查，并做进一步确认。

泡沫检漏：这是一种简便方法，用混有清洁剂的水涂在预计可能发生泄漏的被检处，若该处有泄漏，将会出现气泡，从而可以确定确切的泄漏发生位置。

电子检漏仪：用电子检漏仪接近被检处，一旦检漏仪测到有泄漏，将发出异常的声音予以提示，此时应擦拭干净触头，在怀疑处再次测试确认。

压力检查：回收完制冷剂，充注氮气到 2.4 MPa 保压 24 h，检查压力变化。

（4）制冷系统低压压力过低可能的原因有：制冷系统有泄漏；制冷剂不足；制冷系统内的干燥过滤器或毛细管堵塞；外界温度过低；回风过滤网、蒸发器入口堵塞；回风阀门、新风阀门堵塞或不能正常开启；通风机反转或工作异常，风轮叶片脏污结垢；其他原因使通风机送风量不足。

（5）制冷系统中高压压力过高的原因有：系统中混入了空气；外界温度过高；冷凝器入口或出口有堵塞；冷凝器脏堵；制冷剂过多；冷凝风机反转、不工作或工作异常。系统中混入空气的危害性极大。空气可能是在机组低压部分压力偏低时被压缩机吸入，或者是在维修中因操作不当而使空气混入系统中。由于空气是不凝性气体，它在系统中的存在将直接产生如下不良后果：压缩机负荷增大，且温升异常，电机过热或烧损；冷凝压力上升，制冷量下降；高压压力开关动作，系统无法正常运行。一旦发现有空气混入系统，必须立即加以处理。

（二）电气控制系统故障

通常电气控制方面出现的故障，可根据 PLC 显示屏记录故障，并结合电路原理控制图的控制逻辑进行查找。

电气系统的故障可归纳为“松”“断”“烧”三类。

“松”是指电气接头电源接线松动、脱落、接触不良而导致的电气故障。

“断”包括电源断线、通信线断开；压缩机吸入压力、排出压力、排气温度不正常引起继电器触点断开，机组航空插头插座连接不良、缩针等故障，电流过大引起的热保护器动作而切断电路等电气故障。

“烧”则包括压缩电机绕组、通风机、冷凝风机电机、电磁阀线圈及其他各种接触器、继电器线圈的烧毁。另外，空调机组和控制柜连接的航空插头插座也可能因为连接不良、缩针、电流过大等故障烧损。

二、空调机组常见故障原因分析及处理方法

空调机组常见故障原因分析及处理方法如表 5-2-1 所示。

表 5-2-1　空调机组常见故障原因分析及处理方法

故　障	故障原因	故障处理方法
无风出	（1）通风机电机绕组损坏或烧坏	测量绝缘电阻，或更换电机
	（2）热继电器动作	如果所测电流或电机正常，重调热继电器
	（3）离心风机的配线有断线	查看电路的接通情况，进行拧紧修理
	（4）控制线路及电气故障	检查电路及元件，测量电流及阻值，对控制线路或元件修理或更换

续表

故障	故障原因	故障处理方法
制冷效果不良	（1）由于控制系统故障，一台压缩机未启动，机组处于半冷状态	查找压缩机未启动原因，在全冷状态下再检测制冷效果
	（2）通风机、通风回路故障使出风和回风小，可能是通风机反转、回风过滤网堵塞等原因	查找风量小的原因，并处理
	（3）有一台或两台制冷系统有泄漏，制冷剂加注过少过多，系统内进空气，系统内有过滤器堵塞等故障	对制冷系统进行全面检查，处理漏点后重新灌注制冷剂，或更换过滤器等设备重新检漏抽空后，加注制冷剂
	（4）压缩机反转，液管电磁阀不动作，旁通电磁阀、容量电磁阀误动作	检查压缩机、电磁阀是否良好
	（5）冷凝风机反转，冷凝器脏堵散热不良	换相再运行冷凝风机或清洗冷凝器。
	（6）回风阀门、新风阀门关闭开启不良	对阀门进行调整或对阀门执行器进行更换
	（7）回风温度传感器和新风温度传感器传感温度存在偏差，安装位置不当	对安装位置进行调整
	（8）客室内外环境温度过高（新风温感器检测到外温超过 42 °C），容量电磁阀动作，机组压缩机一直处于减载工作状态	在压缩机运行在未减载状态时全面检查机组的制冷效果
出风小	（1）回风过滤网堵塞	清洗过滤网
	（2）蒸发器冻结	停止压缩机，开启通风机，除冰除霜
	（3）通风机反转	使电源接线相序正确
	（4）风道等连接部分有泄漏	对风道进行检查、修理
	（5）风机叶片积垢	对风机进行检查，并清洗
	（6）蒸发器散热片脏堵	目视检查，对换热器进行清洗
	（7）风阀未打开或部分打开	目视检查，并对风阀和其执行器进行检修
压缩机不工作或运转不良	（1）接触器故障、工作线圈电线损坏、接触不良	更换接触器
	（2）压缩电机绕组损坏或烧坏	测量绝缘电阻，如损坏，更换压缩机
	（3）压缩机机械部分卡住	测量电流，或更换压缩机
	（4）低压、高压压力开关动作	检查和低压、高压压力开关动作有关的部分
	（5）压缩机过流继电器动作	检查压缩机启动运转电流和过载原因
	（6）压缩机控制电路故障	检查压缩机控制电路回路，查找故障点
	（7）压缩机内部温度继电器动作	查找继电器动作原因，检查是压缩机本身原因还是系统原因使压缩机温升过高
	（8）压缩机反转	互换压缩机电源相线

续表

故 障	故障原因	故障处理方法
低压压力开关动作	（1）新风过滤网堵塞	清洗新风过滤网
	（2）蒸发器冻结	停机检查蒸发器冻结原因
	（3）通风机反转	三相电源任意两相换接
	（4）制冷剂泄漏	查找制冷剂泄漏点并处理
	（5）风机叶片积垢	清洁风机叶片积垢
	（6）蒸发器散热片脏堵	清洗蒸发器
	（7）新风阀、回风阀未打开或开启不良	检查阀门执行器动作情况，如执行器故障，则更换执行器，如线路故障，则查找线路故障点
	（8）制冷循环管道内干燥过滤器堵塞或回气滤清器等堵塞	更换干燥过滤器或回气滤清器
	（9）客室内外环境温度过低	车厢内温度回升后再重启
	（10）低压压力继电器本身故障或线路接线故障	更换低压压力继电器，查找继电器接线回路
	（11）制冷循环内液管电磁阀未正常开启	检查电磁阀是否良好，阀体不良时更换阀体，线圈不良时更换线圈
高压压力开关动作	（1）空气或非冷凝气体混合	回收制冷剂之后，再充注规定的量
	（2）制冷剂充注过量	回收制冷剂之后，再充注规定的量
	（3）冷凝器脏堵	检查冷凝器脏堵情况，并进行清洗
	（4）制冷剂管道不畅	检查制冷剂管道
	（5）高压压力开关故障	更换开关
	（6）冷凝风机不转或反转	查找不转原因并处理
异常振动或噪声大	（1）压缩机反相或安装不良	对压缩机三相电源中任意互换或紧固
	（2）通风机或冷凝风机安装不紧固	拧紧安装螺栓
	（3）通风机叶轮不平衡	重新调整叶轮平衡
	（4）通风机叶轮与外壳互相干扰	拆下叶轮，重新调整间隙
	（5）空调固定螺栓松开	拧紧安装螺栓
	（6）位于空调安装部分的橡胶减振装置疲劳或破损	更换橡胶减振装置
	（7）空调与车体直接接触	检查安装
	（8）其他装置安装松动	拧紧安装螺栓
机组电流过大	（1）制冷剂充注过多，高压压力过高，冷凝器散热不良	重新充注制冷剂到规定的量，清洗冷凝器
	（2）风机电机、压缩机本身故障或缺相启动	检查风机、压缩机电路故障，风机、压缩机本身故障时更换电机或压缩机

续表

故 障	故障原因	故障处理方法
漏水	（1）排水口堵塞	清扫和疏通
	（2）安装不良或密封垫老化，风口密封垫处渗水	进行正常安装
	（3）机组顶部密封胶条破损或保温材料破损	更换易损件
	（4）车内送风道有水，从出风口吹出	（1）检查水是否从机组出风口送出，检查机组蒸发器托水盘积水情况，检查蒸发器脏污和蒸发滤网堵塞情况。 （2）检查其他漏水原因
显示温度与实际相差很大	新风温度传感器断线	用电阻挡测量插座相应针脚，若没有电阻值，可判断为断线。找到故障点重新连接
	温度传感器安装位置不良	重新安装

【任务实施】

（一）城轨车辆空调常见故障和处理方法

（1）说出城轨车辆空调故障类型。
（2）说出城轨车辆空调常见故障和处理方法。
（3）会自己查找并解决一些简单故障。

（二）安全注意事项

能在操作中时刻遵守安全注意事项要求。

【任务评价】

本任务评价见表 5-2-2。

表 5-2-2 评价表

评价内容		评价标准	分值	学生互评	教师评价
理论评价	说出城轨车辆空调故障类型	能否准确描述轨车辆空调故障类型	20 分		
	说出城轨车辆空调常见故障和处理方法	能否说出城轨车辆空调常见故障和处理方法	20 分		
技能评价	能在操作中时刻遵守安全注意事项要求	能否将安全操作纳入工作中	10 分		
	会自己查找并解决一些简单故障	是否会根据城轨车辆空调故障现象，自己查找并解决一些简单故障	30 分		

续表

评价内容		评价标准	分值	学生互评	教师评价
情感评价	学习态度	（1)是否能积极思考,回答问题，与教师进行互动； （2）是否有充分的课前准备，完成课前预习及小考	5分		
	分析问题、解决问题	思路清晰、逻辑严谨，并具有安全意识	5分		
	团队协作	是否具有团队协作精神(在任务中请教他人或是帮助他人）	5分		
学习体会	课后思考	是否有知识、技能、思政收获	5分		
总　分			100分		
学习体会					

【课后练习】

（1）空调机组常用检查方法有哪些?

（2）制冷效果不良有哪些原因，如何处理?

（3）城轨车辆空调故障类型有哪些?

参考文献

[1] 许磊，蒋志侨．城市轨道交通车辆空调检修[M]．重庆：西南师范大学出版社，2017．

[2] 葛党朝，李小平．城市轨道交通车辆空调系统[M]．重庆：重庆大学出版社，2019．

[3] 张天彤．城轨交通车辆空调装置[M]．北京：北京交通大学出版社，2014．

[4] 顿小红，何成才，奚进．动车组空调系统维护与检修．[M]．成都：西南交通大学出版社，2011．

[5] 曾青中，邓景山．车辆空调装置维护与检修[M]．成都：西南交通大学出版社，2013．

[6] 宁波市轨道交通集团有限公司运营分公司．电客车维修员[M]．成都：西南交通大学出版社，2018．

[7] 王寒栋．制冷空调测控技术[M]．北京：机械工业出版社，2008．

[8] 卢毓俊．客车空调装置[M]．北京：中国铁道出版社，2015．